Backen wie in Sachsen

Die süßen Rezepte der Kuchen-Sachsen

Verlag für die Frau
Leipzig

Backen wie in Sachsen

Oda Tietz

Inhaltsverzeichnis

ISBN 3-7304-0403-2

Fotos: Uwe Hämsch, Helga Schulze (S. 7, 11, 13)
Anfertigen der Backwaren:
Bäckerei Fiedler, Weltewitz
Typografie, Einband und Fotostyling:
Lore Jacobi
Lektorat: Christa Winkelmann
Satz: TypoLiner GmbH Leipzig
Reproduktion, Druck und Binden:
Sebald Sachsendruck Plauen
Printed in Germany

Die süßen Rezepte der Kuchen-Sachsen

Eigentlich komisch: Vom *Gaffeesachsn* spricht jeder – wenngleich hintergründig lächelnd, eingedenk der einen (!) Kaffeebohne auf 2 Liter Wasser. Bliemchengaffee heißt der legendäre Aufguß, weil er so dinne is, daß mer de Bliemchen in der Dasse leichtn sieht. Ein Kaffeesatzmärchen – weswegen der echte Sachse aber keineswegs gekränkt ist. Im Gegenteil. Es macht ihn ja populär, so kennt man ihn. Und sein schönes Porzellan (Bliemchenmuster!) – echt Meißen – obendrein.

Aber (jetzt kommts!), wer spricht schon vom *Guchensachsn*? Daß die Sachsen die größten Kuchenerfinder Deutschlands sind, davon weiß heute keiner mehr. Weil einem Sachsen die süße Leidenschaft nicht auszutreiben ist, erkannten die Zukkerbäcker schon vor mehr als 300 Jahren, als der Türkentrunk sächsische Gaumen und Gemüter eroberte, Kaffeehäuser wie Pilze aus dem Boden schossen, dem Gebräu gar eine Kantate – die Kaffeekantate von Johann Sebastian Bach – gewidmet wurde, daß ä Stikkchen Guchen die ideale Ergänzung zum Scheelchen Bohngaffee is. Sie vermählten beide. Mehr noch: Die hellen, »fichelanden« Sachsen erfanden unentwegt neue köstliche Backwerke, und das ideale Paar, der Kaffee und der Kuchen, feierten eine Traumhochzeit nach der anderen.

Sachsens erstes Kaffeehaus, der KAFFEEBAUM in Leipzig, dessen Gemäuer Blaublütige (August der Starke, Napoleon) und Dichterfürsten (Lessing, Goethe, Schiller) heiligten, überraschte seine Gäste zur Eröffnung im Jahre 1694 mit »Leibzscher Räbchen« – zuckersüßen, mit Mandelmasse gefüllten, in Likör getränkten Früchten, umhüllt von knusprigem Teig, der einen unwiderstehlichen Hauch von Zimt verströmte.

Das ZIMMERMANNSCHE KAFFEEHAUS, zu dessen Stammgästen Johann Sebastian Bach zählte, lockte mit Plätzchen, die nach Mandeln und Vanille dufteten, das KAFFEEHAUS RICHTER, wo sich nicht nur Künstler und Gelehrte, sondern auch Geschäftsleute zum Billardspiel trafen (ja, schon damals stand »Erlebnisgastronomie« hoch im Kurs), kredenzte zum Türkentrunk rosinen- und mandelgespickte Quarkkuchen, die nach Rosenwasser dufteten und mit verzuckertem Lavendel bestreut waren.

Das CAFÉ GESSWEIN war berühmt wegen seiner »delicaten Apfelküchlein«, seiner in Teig gebackenen Quitten, Pfirsiche und Salbeiblätter. Hier ging der Studiosus Wolfgang Goethe täglich ein und aus – aber weniger der Küchlein wegen. Es war ein anderer süßer Knusperhappen, der ihn magisch anzog: des Cafewirts liebreizendes Töchterlein, der Lockenschopf Käthchen Schönkopf.

Zuckerbäcker Händel in Reudnitz hatte es erfaßt (er hatte äbn dn richtchen Inschtinkt): Am besten war dran – und der

Konkurrenz weit voraus –, wer Zuckerbäcker, Conditor, Kaffeehausbesitzer in einer Person war. Er war es – und erfinderisch dazu. Wenn er die Hände im Teig hatte, konnte man seiner gelungenen Kreationen sicher sein. Goethe spazierte mit seinem Leipziger Schätzchen, Käthchen Schönkopf, gern in HÄNDELS KUCHENGARTEN. Beide wußten, daß der Zuckerbäcker sich garantiert eine neue Gaumenfreude ausgedacht haben würde. Schon von weitem leuchtete ihnen das gelb-schwarze Schild: »Hier können Leute Kaffee kochen« entgegen. Ein Service, der außerordentlich gern angenommen wurde. Er war freundlich zum Geldbeutel und zum Aroma. Denn man konnte Menge und Stärke des Musentrunks selbst bestimmen.

Unter den schattenspendenden Kastanienbäumen an den langen Holztischen saß man bequem. Konnte zusammenrücken (was man ja wollte). Das Pärchen blieb selten lange allein, denn Händels Kuchengarten war beliebter Treffpunkt der Studiosi.

Oftmals saß man bis Mitternacht, plauderte, diskutierte, philosophierte. In einer lauen Vollmondnacht hat der quietschvergnügte Goethe »seinem« Zuckerbäcker ein Denkmal gesetzt:

»O Händel, dessen Ruhm von Süd bis Norden reichet,
vernimm den Päan, der zu diesem Ohre steiget.
Du bäckst was Gallier und Briten emsig suchen
mit schöpferischem Geist originelle Kuchen.
Des Kaffee's Ozean, der sich vor dir ergießt,
ist süßer als der Saft, der von Hamettus fließt.«

Wurde es einem zu heiß ums Herz oder Gemüt – auch da wußte Händel Rat. Flugs servierte Frau Agathe eine Erfrischung: das köstlichste, durchsichtigste, süßeste Eis (mit Rosenduft!), denn der Conditor sparte nicht an Rosenwasser.

Hauptsächlich aber kam man zu Händel seiner guten Kuchen und Törtchen wegen. Seine Prophetenkuchen, die sich, riesigen Propellern gleich, auf den Tellern wölbten, mochte man süß zum Kaffee und gewürzt mit Kümmel, Salz und Käse zum Bier oder zum Wein. Un welch ä geddliches Vergniechn, wemmr sein gnusbrichen Streiselguchn ins Gaffeedäbbchen didschen gonnde!

Begehrt waren seine Fliederbeerkuchen (Holunder), die heiß serviert wurden, seine Oblatenkuchen mit ihrem köstlichen Duft nach Rosenwasser und Orangenblüten oder die Hasenöhrlein, hauchdünne, knusrige, süße Verlockungen aus Eierkuchenteig. Berühmt auch seine in feinsten Teig gehüllten und gebackenen Feigen und Datteln, seine Käsekuchen, dick gespickt mit Mandeln und Rosinen. Keiner verstand aus Apfelmus, Rosinen, Mandeln, Zimt, Rosenwasser, Mehl und Eiern so wunderbare Wecken zu backen wie Zuckerbäcker Händel.

Der »Coffe Baum« in Leipzig ist Sachsens ältestes Kaffeehaus (seit 1694).

Der allergrößte Hit aber waren seine Marzipantörtchen. Die Probe fiel glänzend aus, als er sie eines Sonntagnachmittags den Studiosi zum Kosten hinstellte. Nur wenig Teig umhüllte eine Masse aus zartestem, zuckrigen Marzipan und aromatischer Aprikosenkonfitüre. Händel ahnte damals freilich nicht, daß dieses lieblich-leckere Backwerk dereinst ein begehrter Versandartikel werden würde. Erst Jahrzehnte später – 1876 –, als in Leipzig das Fangen und Verspeisen von Singvögeln verboten wurde, übertrugen pfiffige Bäcker (de Sachsn sin helle) den Namen Lerche auf Händels Backwerk. Denn die Törtchen waren haltbar und daher bestens zum Versand geeignet. An Beliebtheit haben sie bis heute nicht verloren. Ein schlechter Bäcker, ein miserabler Kaffeehausbesitzer, wer diese Köstlichkeit nicht führt. Mit einem gehörigen Klecks Schlagsahne und einem Täßchen Bohnenkaffee ist sie noch immer *der* Renner.

Wen es nach Schaumgebäck, nach saftigen Pflaumenkuchen mit extra dicken Streuseln gelüstete, der wanderte nach Eutritzsch zu Ottilie Bürger und machte dann noch einen Abstecher ins Schloß Debrahof, wo es köstlichen Obstwein und eine weitgerühmte Apfeltorte gab oder besuchte Ottos Gosenschänke. Dieses »Göttergetränk« liebten sogar die Kinder. Groß und klein konnten davon nie genug kriegen, zumal deftiges Backwerk für immer mehr Durst sorgte. Küche und Keller arbeiteten gut zusammen. Die Wirkung war beachtlich, ein Scherzreim kündet davon:

»Es ist zwar ein sehr gutes Bier,
die Goslarische Gose;
Doch wenn man meint,
sie sei im Bauch,
so liegt sie in der Hose.«

Das tat jedoch der Vorliebe der Leipziger für dieses zweitliebste Getränk (nach dem Kaffee, versteht sich) keinen Abbruch. Die besten Haferflocken- und Mohrrübenplätzchen bekam man im KLEINEN KUCHENGARTEN in Anger-Crottendorf, die höchste Mokkatorte (10 Schichten!) im GROSSEN KUCHENGARTEN in der Ranftschen Gasse.

Speckkuchen-Fans ließen sich im Kuchengarten in Probstheida bei Karle Voigt nieder – und blieben oft bis spät in die Nacht hinein, denn ab fünf Uhr nachmittags wurde getanzt. Überhaupt tanzen. Diesem Vergnügen gingen die Leipziger gern nach. Mutige »wagten« sich sogar ins »Hotel Stadt London«, in Leipzigs Zentrum in der Nikolaistraße. Dort spielte täglich eine Damenkapelle. Die Damen waren nicht nur musikalisch, sondern auch sehr liebebedürftig …

Nicht alle Kaffeehäuser und Kuchengärten haben die Zeiten überlebt. Neue sind dazugekommen. Auf historischem Boden in Leipzigs Katharinenstraße, da, wo sich dereinst Kaffeehaus an Kaffeehaus reihte, eröffnete Konditormeister August Holzgreve 1914 ein neues Kaffeehaus. Seine zuckersüßen Kuchen und Torten mundeten auch Sachsens letztem König (ehe er sich mit dem legendären Satz »da machdr eiern Dregg alleene« im Jahre 1918 für immer verabschiedete) und den Königskindern. Holzgreve wurde Hofkonditor.

Noch immer türmen sich im »Cafe Cather« (die Besitzer wechselten, das Kaffeehaus blieb) köstliche Kuchenberge im Schaufenster und am Kuchenbüfett. Und wer hier sei Stikkchen Guchen zum Schälchen Heeßen verschnärbselt hat, verläßt die gastliche, historische Stätte garantiert nicht ohne ein dickes Kuchenpaket unterm Arm.

In hohem Maße beeinflußte Zuckerbäcker, Conditor und Schokoladenfabrikant Wilhelm Felsche die Qualität der sächsischen Kuchen und Torten. Die Besucher der Leipziger Michaelismesse 1835 staunten nicht schlecht: Anstelle des Grimmaischen Tores – das Haupttor der Stadt – und des dicken, im Jahre 1577 erbauten Schuldturms stand ein neues Kaffeehaus, das eleganteste, prächtigste Café seiner Zeit.

Der »Parterresalon« mit seinen geschmackvollen und farbenfreudigen »Wand- und Plafondglasgemälden von Cellarius« – (u. a. auch eine Abbildung des alten Grimmaischen Tores) wurde ebenso bewundert wie seine Backkunst. Seine Pfannkuchen, Aschkuchen, Streuselkuchen, Obstkuchen, Baumkuchen, sein Eis, seine Torten, sein Konfekt, seine kandierten Blüten waren in aller Munde. Auch in Fachkreisen genoß Felsche höchstes Ansehen. Zuckerbäcker, die mit der Zeit gehen wollten, schickten ihre Söhne, Schwiegersöhne, Gehilfen in die Hohe Schule des Café français.

Felsche wurde im Jahre 1863 zum Hofconditor ernannt. Für die Besuche »Sr. Majestät des Königs und der königlichen Familie« schuf er eigens eine »tägliche Hofhaltung im Palais am Ritterplatze und der Goethestraße«.

Wie beneide ich meine Großtanten Rosa und Tilly! Sie verbrachten mit ihren Kränzchenschwestern so manchen Nachmittag bei Felsches einzig- artigem Kaffee und Kuchen. Zu Hause wurde dann ausprobiert, nachgebacken. Denn die beiden waren die Backkünstler unserer Familie. Tilly war verantwortlich fürs Feine: die Füllungen, die Verzierungen, das Konfekt, die verzuckerten Blüten. Rosa hingegen fürs Grobe: den Teig, die Streusel. Wenn sie in der Küche rumfuhrwerkten – was wurde da gerührt, geknetet, gemahlen, gestoßen – verwandelte sich die Wohnung in ein duftendes Kaffeehaus. Kaffeeduft (denn der Kaffee wurde regelmäßig zwischendurch geschlürft, er war verantwortlich für gutes Gelingen) vermischte sich mit dem Duft von Vanille, Zimt, Nüssen, Mandeln, Rosen und Veilchen.

Jedes Jahr, Ende November, Anfang Dezember – kurz vor der Stollen- und Plätzchenbackzeit – unternahmen Rosa, Tilly und die Kränzchenschwestern eine Reise nach Dresden. Auch dann noch, als Rosa »ihren« Albert aus dem Harzer Städtchen Stolberg geheiratet und (zu Tillys Leidwesen) dorthin gezogen war. Albert tolerierte die Reise- und Schlemmerfreudigkeit seiner Rosa, obzwar er eigentlich ein sparsamer Mann war und für sächsische Kuchen überhaupt keine Schlagseite hatte – er liebte leidenschaftlich seinen Harzer Stinker. (Aber das erfuhr Rosa erst in hohem Alter.)

Die Dresdner Reise war eine Kombination aus Kultur (war man nicht im größten Museum der Welt?) mit Besuch im Zwinger, im Schloß, in der Kirche, einem Einkaufsbummel und einem Kaffeehausbesuch (»condiddern« gehn, wie der Sachse sagt) – im Cafe Kreutzkamm (wegen letzterem fuhr man hauptsächlich).

Man wählte einen Fensterplatz im 1. Stockwerk, denn der garantierte einen weiten Blick hinaus auf den Markt, wo fleißige Leute emsig mit dem Aufbau des berühmten Striezelmarktes beschäftigt waren. Und dann schnabulierten und begutachteten die Kränzchendamen den allerbesten, köstlichsten aller Stollen, den berühmten Kreutzkammschen eben.
Einmal, ach, wie oft hat meine Großtante Rosa davon geschwärmt, haben sie den großen Meister, Fritz Kreutzkamm, persönlich erlebt. Das war in den dreißiger Jahren, Rosa und Tilly waren im vierten Lebensjahrzehnt, sehr lebenslustig, sehr kauffreudig, immer backwütig, ewig vernascht – und vor allem neugierig. Mit Macht und Raffinesse versuchten sie das Backgeheimnis »Fritz'scher« Christstollen aus ihm herauszulocken. Gespannt hingen sie an seinen Lippen und merkten erst hinterher, daß sie das, was er ihnen predigte, eigentlich selber wußten (aber ach, wie war er faszinierend – mit seiner hohen Stirn, den großen, dunklen Augen, dem straff und streng zurückgekämmten Haar. Und wie elegant er die Pfeife hielt!):
Die richtige Auswahl der Zutaten bestimme die Güte des Backwerks, auf Sorgfalt und Genauigkeit käme es an. Vor allem aber brauche man Kraft und Geduld, denn Stollenteig will geknetet sein – bis er glänzt.
Er erzählte, daß schon sein Urgroßvater, Heinrich Jeremias Kreutzkamm, Begründer des Conditoreigeschäfts und Cafés (in der Moritzstraße 751 fing im Jahre 1825 alles an) allergrößten Wert auf Stollenqualität legte.
Sein Sohn Heinrich Julius habe die Tradition fortgeführt, sogar im Jahre 1867 das Prädikat »Königlicher Hofkonditor« durch seine Majestät König Albert erhalten. Ihm sei das herrliche Café, wo man jetzt so gemütlich unter Palmen saß, im Herzen der Residenz, am Altmarkt 14, zu danken. Es sei übrigens jenes historische Haus, das Stiche von Canaletto bereits berühmtgemacht hätten.
Kreutzkammsche Christstollen haben sich rasch einen Namen weit über ihre Stadt hinaus erobert. Ende des 19. Jahrhunderts erwartete Kundschaft in USA und in tropischen Ländern die in Blechkisten eingelötete und anschließend in Holzkisten verpackte Leckerei.
Auch Fritz' Vater Max war »Königlicher Hoflieferant« und um hervorragende, unübertroffene Konditoreiwaren bemüht. Dabei konnten beide, ihr Personal und die verehrte Kundschaft den allseits beliebten König – pünktlich 9.00 Uhr morgens – über den Altmarkt gehn sehn. Den treuen Hund, einen Collie, dicht daneben, den Leibjäger ein Stück dahinter. Was – wenn er plötzlich das Kaffeehaus betreten hätte? Das Stikke Stolle für ihn wäre besonders groß ausgefallen. Aber er tat es nicht. Er war ja froh, endlich mal an der frischen Luft zu sein (er ahnte wohl nicht, daß er wenig später für immer an die – eisige – Luft gesetzt werden würde). Majestät habe sich so natürlich bewegt, als sei sie

So wie hier in der 1852 gegründeten Konditorei Praetsch in Wurzen gibt es überall in Sachsen vorzüglichen frischen Bäckerkuchen.

nicht blaublütig, sondern ihresgleichen – deshalb war Friedrich August wohl so geachtet und beliebt.
Obwohl Fritz Kreutzkamm in Erfurt in die Lehre gegangen war und dort wunderbare thüringische Kuchen- und Brotrezepturen kennengelernt hatte, hielt er der Christstollenbäckerei und der (ach wie muß sie kunstvoll gewesen sein!) Pralinenherstellung die Treue. Berühmte Feinkosthäuser wie die Firma Dallmayr in München gehörten zu seiner Kundschaft. Leider fiel das wunderschöne Café wie vieles in der zauberhaften Elbestadt dem Bombenangriff am 13. Februar 1945 zum Opfer.
Dank Rosas und Tillys Erzählungen blieben das Kaffeehaus am Altmarkt mit den köstlichsten aller Christstollen und sein Besitzer Fritz mit langer Pfeife und strengem Tabakduft in Erinnerung.
Eine der Dresden-Kultur-Einkaufs-Stollen-Fahrten wurde allerdings für Tilly erheblich teurer als geplant: Es war üblich, daß man nach der Kränzchen-Schwelgerei vom üppigen Kreutzkammschen Kuchenbüfett Präsente für die Familie auswählte. Tilly verstaute Stolle und Pralinen in ihrer Hutschachtel – den neuen Hut hatte sie aufgesetzt, den alten ihrer Schwester Rosa »vererbt«. Kichernd und schnatternd ging's – reichlich bepackt mit Handtasche, Reisetasche, Hutschachtel (nicht gerade besonders vornehm, aber von den Genüssen sehr angeregt und vergnügt) in Richtung Bahnhof. Tilly fuhr nach Leipzig, Rosa in den Harz.
Zu Hause angekommen, vermißte Tilly die Hutschachtel. Sie hatte sie im Gepäcknetz liegengelassen! Tilly war todunglücklich. Stunden später versicherte ihr der Bahnhofvorsteher, daß die Hutschachtel unbeschadet auf dem beschriebenen Platz im Gepäcknetz liege. Er wunderte sich: so viel Geschrei wegen einer Hutschachtel, in der nicht mal ein Hut, sondern nur profaner Kuchen liegen solle. Der Zug stünde auf dem Abstellgleis.
Nichts wie nach Dresden, beschloß Tilly, und tatsächlich brachte sie alles (wenngleich auch mit vermehrtem Aufwand) unbeschadet nach Hause. An einer Hutschachtel hatte wohl niemand Interesse gehabt. Wie konnte man auch ahnen, was für Schätze darin lagen.
Heute hat Dresden sein Café Kreutzkamm wieder! Wenngleich auch nicht am gleichen Platz, so doch ganz in der Nähe. Tochter Elisabeth führt die Tradition fort. Sie bemüht sich am Altmarkt 18 um zufriedene Kaffeehausgäste. Kreutzkamm-Christstollen sind den Dresdnern und den Besuchern wieder gewiß.
Am Heiligabend war Tilly nervös. Das lag nicht am angekündigten Besuch der Verwandtschaft (es war ungeschriebenes Gesetz, daß man Weihnachten gemeinsam feierte), sondern daran, daß »ihre« Stolle angeschnitten und begutachtet wurde. Ihre Vier- und Fünfpfünder (mindestens 6 Stück) waren immer ein Volltreffer – aber Tilly war erst erlöst, wenn alle ihr erstes Stück gekostet und jeder sein Loblied gesungen hatte.

Ein Kaffeehausbesuch – wie hier in Leipzigs Mädlerpassage – gehört einfach zum Stadtbummel dazu.

Für uns Kinder aber brachte der 24. Dezember eine Bescherung vor der eigentlichen Bescherung. Und die lieferte Tante Klärchen. Es waren mit buntem Zuckerguß bemalte und beschriftete, mit feinster Konfitüre oder Schokolade gefüllte Pfefferkuchenherzen und Figuren aus eigener Produktion.

Denn Klärchen, eine Cousine von Rosa und Tilly, hatte in eine Dynastie hineingeheiratet: in die Pfefferkuchendynastie in Pulsnitz. Ihr Mann Gerhard war Ur-ur-ur-ur-urenkel des ersten Pulsnitzer Pfefferküchlers Tobias Thomas.

Das winzige urväterliche Eckhaus steht noch, die Gedenktafel über der Küchlerei erinnert an die Gründung im Jahre 1743. Klärchen und Gerhard wohnten nie darin, ihr Lädchen war ein paar Straßen weiter, hatte ein schönes großes Schaufenster, aus dem einen freundliche Männlein und Weiblein in lustig-bunter und zuckriger Verkleidung entgegenlachten. Pfefferkuchenherzen versprachen in bunter Schrift: »Ich liebe Dich von Herzen« oder »Ich bin für immer Dein« oder »Du, mein liebstes Schätzchen«.

Tante Klärchen roch selbst wie ein Pfefferkuchen, und sie sah auch genau so freundlich, kugelrund und knusprig aus wie die Pfefferkuchenweiblein, die sie uns mitbrachte und das ganze Jahr über in Pulsnitz zum Kauf anbot.

Wenn wir in den Sommerferien Tante Klärchen besuchen durften – nur kurz, denn sie war ja immer mit ihren Herzen, Männlein und Weiblein beschäftigt –, gingen wir nur mit erhobenen Nasen durchs kleine Städtchen und schnupperten um die Wette, denn es duftete, wohin man ging, überall nach köstlichstem Pfefferkuchengewürz (das tut es übrigens heute noch) und Weihnachtssehnsucht stellte sich ein.

Tante Klärchen hatte keine Kinder und verschwendete – soweit ihr Zeitplan das erlaubte – ihre Liebe an uns. Sah sie uns nicht, brachte sie sich mit einem süßen Pfefferkuchenpäckchen in Erinnerung. Zu Familientreffen kam sie stets mit Riesentaschen, denn sie wußte: vier Kinder putzen was weg.

Auch nach Meißen, wenn Onkel Ernst zum Weinfest einlud. Sobald wir angekommen waren, mußten wir mit ihm zu »seinem« Weinberg spazieren, der linksseitig des Elbufers in Richtung Dresden lag. Den Spruch, »ein Weinberg will jede Woche seinen Herrn sehen«, nahm er allzu wörtlich. Er zeigte sich täglich.

Ernst war der jüngere Bruder von Rosas Mann Albert, ebenfalls mehr Deftigem (Harzer Käse) als Süßem zugetan, was dazu führte, daß die Damen – wir Kinder waren natürlich mit von der Partie – allein ins Kaffeehaus zogen. Das durfte man nicht auslassen, denn dort – bei Zieglers – gab es die köstlichste Quarktorte ohne Boden.

Und eine Besonderheit, einen Gaumenspaß, mit dem man anschließend die Männer foppte: die Meißner Fummel. Dieses wuchtige, zerbrechliche Backwerk liegt in zweifacher Ausführung, in ver-

blüffender Ähnlichkeit im puppenstubenkleinen Schaufenster der Konditorei.
Wie es hergestellt wird? Ganz einfach: »Der Bäcker nimmt 'nen Batzen Luft, bläst bissel Teig drum rum; schon zieht der Fummel würz'ger Duft ins liebe Publikum«. Meißens Bäcker verfahren so seit vielen, vielen Jahren (die Rezeptur verraten sie natürlich nicht, sie ist so geheim wie die Herstellung des berühmten Porzellans mit den blauen Schwertern).
Erfunden hat es der Obermeister der Bäckergilde, Paul Bammel. Eines Tages nämlich war er zum starken August befohlen worden. Zitternd und schlotternd trat der kleine, runde (er war so hoch wie breit) Bäckersmann vor seinen großen Geenich. Fürchtete er doch, daß die unlängst kreierte Quarktorte ohne Boden dem Herrscher und seiner Liebsten, der wunderschönen Gräfin Cosel (für die der August erst ein Lustschloß, später ein Gefängnis übrig hatte), nicht bekommen sei. Mitnichten. Das Blaublut befahl dem Bäckermeister, ein zerbrechliches Backwerk anzufertigen, das seine dem Meißner Wein sehr zugetanen Kuriere, die häufiger ihre Zeit im Straßengraben als auf den Pferderücken verbrachten, fortan bei sich tragen mußten und unversehrt – bei angedrohter Strafe – bei Ankunft vorzuzeigen hatten. Von da ab soll es auf der Kurierstrecke Meißen–Dresden weniger Weintrunkene gegeben haben.
Elbtalwein wächst noch immer. Und schmeckt. Vor allem das zweite, dritte, vierte Glas. Auch heute tragen manch »Angeschniggerte« – als Andenken oder als Mitbringsel – eine Fummel bei sich. Nur werden sie nicht geköpft, wenn die leicht Zerbrechliche Schaden nimmt ...

Fazit: Nirgendwo lebt sich's so gut wie in Sachsen, denn hier herrscht immer »Sießes Lähm un Dreim«. Wer sich durch die Kuchenberge durchgefuttert hat, weiß mit Sicherheit: Kaffee-Sachsen sind auch Kuchen-Sachsen! Verführerisch all die Kuchen, Torten und aus reichem Brauchtum gewachsenen Backwerke.
Woran man sächsische Kuchen erkennt? Die Glanzstücke aus dem Ofen sind sehr süß. Sie haben zuckrig-buttrige, dicke und knackige Streusel – sogar Obst- und Quarkkuchen kommen nicht ohne sie aus. Sie präsentieren sich in Form von Hefe-, Backpulver-, Pfefferkuchen- oder Mürbteig, oft reichlich gespickt mit Nüssen, Mandeln und Rosinen. Ihr Innenleben ist immer interessant und vielseitig: es überrascht mit Früchten, vorzüglichem Marzipan, Nüssen, Konfitüre, Sahne-, Schokoladen-, Vanille-, Nuß- oder Quarkcreme. Und wenn das Gebäck dann noch immer nicht die nötige (sächs'sche) Süße hat, bekommt es noch eins drüber – Zuckerguß, Schokostreusel und Schlagsahne ...
Wer sich in diesem Reich der Süßigkeit, im Duft von Mandel, Nuß und Marzipan nicht wie im siebten Kuchen-Himmel fühlt, ist selbst dran schuld!

Keine Feier ohne eine Bäbe. Gottlob kann man sie genießen, ohne vorher aufgefressen zu werden, wie im Märchen von »Rotkäppchen«.
Die Mutter drückte Rotkäppchen einen Henkelkorb in die Hand und schickte es zur Großmutter.
Die bekannte Mundartdichterin Lene Voigt läßt in ihrer sächsischen Version das Kind fragen: »Was isn da drinne im Gorbe?« – »Änne Flasche Abbelwein, änne Biggse Eelsardin' un änne Bäbe. Daßde mir aber nich etwa unterwächsens am Guchen rumgnaubelst! Wenn de Hunger hast, ißte deine Bämmchen mit Gunsthonich, verschtanden?«
Mit diesen Worten schickte die Mutter Rotkäppchen auf den Weg. Von dem es bekanntlich abkam und mit der Großmutter im Wolfsbauch liegen mußte, bis der Jägersmann beide befreite. Aber dann begann das gute Leben: »De Großemudder, Rotgäbbchen un dr Jächer tranken Abbelwein, machten sich iwer de Eelsardin' un deilten sich in de Bäbe. Se warn sähre froh, daß de Sache noch so scheen abgeloofen war.«

2. Oberlausitzer Storchennest

400 g Kartoffeln, 40 g Hefe,
1/8 Liter Milch, 1 kg Mehl, 2 TL Salz,
4 Eigelb, 4 EL Mohn
Butter für die runde Kuchenform

Die Kartoffeln in der Schale kochen, abpellen und durch die Kartoffelpresse drükken. Die zerbröckelte Hefe in etwas lauwarmer Milch verquirlen. Das Mehl sieben, in die Mitte eine Vertiefung drükken und die verquirlte Hefe hineingießen. Mit etwas Mehl einen Vorteig bereiten und zugedeckt an einem warmen Platz 30 Minuten gehen lassen.
Kartoffelmasse, Salz und 2 Eigelb zugeben. Alles zu einem glatten Teig verkneten und nochmals zugedeckt 30 Minuten gehen lassen. Den Teig zusammenstoßen und gut durchkneten.
Die Kuchenform ausbuttern. Aus dem Teig 20 Kugeln formen und dicht aneinander wie zu einem runden Nest hineinsetzen. Mit dem restlichen Eigelb bestreichen. Den Mohn darüberstreuen. Im vorgeheizten Backofen bei 200° C etwa 45 Minuten backen.

3. Stötteritzer Selterswasserkuchen

Für den Teig:
4 Eier, 2 Tassen Zucker,
1 Tasse Öl, 3 Tassen Mehl,
1 Päckchen Backpulver,
1 Prise Salz, 1 TL abgeriebene, unbehandelte Zitronenschale,
1 Tasse Selterswasser,
Butter und 50 g Semmelbrösel für die Backform

Für die Glasur:
150 g Puderzucker, 2 EL Zitronensaft, 1 EL weiche Butter

Die Eier mit Zucker und Öl schaumig schlagen. Das Mehl mit dem Backpulver vermengen und auf die Eimasse sieben. Salz und Zitronenschale zufügen und alles gut verrühren. Zuletzt das Selterswasser einrühren. Die Backform ausbuttern und ausbröseln. Den Teig hineingeben. Im vorgeheizten Backofen bei 200° C etwa 50 Minuten backen. Herausnehmen und auskühlen lassen. Den Puderzucker mit Zitronensaft und Butter verrühren und über den Kuchen ziehen.

4. Oybiner Topfkuchen

Für den Teig:
6 Eier, 250 g Butter, 200 g Zucker, 500 g Mehl, 1 Päckchen Backpulver, 200 g in Rum eingelegte Rosinen und Korinthen, 50 g Zitronat, 100 g gehackte Mandeln

Außerdem:
Butter und 2 EL gehackte Mandeln für die Napfkuchenform

Die Eier trennen. Butter, Zucker und Eigelb schaumig schlagen. Das Mehl mit dem Backpulver vermischen und sieben. Nach und nach mit der Milch einarbeiten und gut verrühren. Rosinen und Korinthen, das in kleine Würfel geschnittene Zitronat und die Mandeln zugeben. Gut verrühren. Das Eiweiß zu steifem Schnee schlagen und vorsichtig unter den Teig heben. Eine Napfkuchenform ausbuttern und mit den gehackten Mandeln ausstreuen. Den Teig einfüllen. Bei 200° C etwa 60 Minuten backen. Nach Belieben mit Puderzucker besieben.

Dieser Kuchen ist bei den Oberlausitzern immer im Gepäck: Beim Besteigen der Berge, bei Landpartien, wenn's auf Besuch zur Verwandschaft geht …

5. Quarkstolle

Für den Teig:
500 g Mehl, 1 Päckchen Backpulver, 150 g Zucker, 1 kräftige Prise Salz, 1 EL Rum, 1 TL abgeriebene, unbehandelte Zitronenschale, 2 Eier, 300 g trockener Quark, 175 g Butter, 200 g Sultaninen, 100 g Zitronat, 150 g gehackte Mandeln, Butter für das Backblech

Außerdem:
50 g Butter zum Bestreichen, 100 g Puderzucker

Das Mehl mit dem Backpulver vermischen und in eine Schüssel sieben. In die Mitte eine Vertiefung drücken. Zucker,

Gewürze und Eier hineingeben und alles miteinander vermengen. Den passierten Quark, die in Stücke geschnittene Butter, die vorbereiteten Sultaninen und Mandeln zugeben. Das Zitronat in kleine Würfel schneiden und ebenfalls zufügen. Alles zu einem festen Teig verkneten. Einen Stollen formen. Ein Backblech ausbuttern, den Stollen daraufsetzen und im vorgeheizten Backofen bei 200° C 60 Minuten backen. Herausnehmen und noch heiß mit Butter bestreichen und dick mit Puderzucker besieben.

6. Dresdner Weihnachtsstollen

Für den Teig:
1,5 kg Sultaninen, 250 g Korinthen,
¼ Liter Rum,
2,5 kg Mehl, 275 g Hefe,
¾ Liter Milch, 500 g Zucker,
5 Päckchen Vanillezucker,
1 EL abgeriebene, unbehandelte Zitronenschale, 35 g Salz,
1,2 kg Butterschmalz,
je 125 g kleingeschnittenes Zitronat und Orangeat,
300 g gehackte süße Mandeln, darunter 10 bittere,
Butter für das Backblech

Für die Glasur:
250 g Butter, 100 g Zucker,
250 g Puderzucker

Einen Tag vor dem Backen die vorbereiteten Sultaninen und Korinthen mit Rum übergießen und zugedeckt durchziehen lassen. Die übrigen Zutaten bei Zimmertemperatur bereitstellen.
Am Backtag das Mehl auf ein Backbrett sieben und in die Mitte eine Vertiefung drücken. Die zerbröckelte Hefe in etwas lauwarmer Milch und 1 Eßlöffel Zucker verquirlen und in die Vertiefung gießen. Mit etwas Mehl einen Vorteig bereiten. Zugedeckt an einem warmen Platz 2 Stunden gehen lassen. Zucker, Vanillezucker, Zitronenschale, Salz, das grob zerkleinerte Butterschmalz, Zitronat, Orangeat, Mandeln und Milch dazugeben. Von der Mitte aus alles verkneten und an einem warmen Platz 4 Stunden gehen lassen.
Den Teig zusammenstoßen und gut durchkneten. In ein oder eineinhalb Kilogramm schwere Stücke teilen. Die Teigstücke länglich oval formen und längs etwas einkerben. Das Backblech ausbuttern, mit Mehl bestäuben, die Stollen daraufgeben. Weitere 30 Minuten gehen lassen. Im vorgeheizten Backofen bei 180° C eine reichliche Stunde backen. Herausnehmen, etwas auskühlen lassen, zerlassene Butter aufstreichen, mit Zukker bestreuen und mit Puderzucker besieben. Darauf wieder Butter und nochmals Puderzucker geben.

Tip: Den Stollen vor dem Anschneiden einige Tage durchziehen lassen. Dann entfaltet er erst richtig seinen unverwechselbaren Geschmack.

7. Prasselkuchen

Für den Teig:
250 g Mehl, 10 g Hefe, 80 g Zucker, 1/8 Liter lauwarme Milch, 1 kräftige Prise Salz, 80 g Butterschmalz, 1 TL abgeriebene unbehandelte Zitronenschale

Für den Belag:
50 g Butter, 1/8 Liter Milch,
100 g Zucker, 200 g Mandelblättchen

Für die Streusel:
250 g Mehl, 200 g Zucker,
1 Päckchen Vanillezucker,
1 Messerspitze Zimt, 150 g Butter

Für den Guß:
150 g Puderzucker

Das Mehl in eine Schüssel sieben und in die Mitte eine Vertiefung drücken. Die Hefe mit 1 Teelöffel Zucker und 4 Eßlöffel Milch verquirlen und in die Vertiefung gießen. Etwas Mehl darüber stäuben. Salz, die Butter in Flöckchen, restlichen Zukker und Zitronenschale auf dem Mehlrand verteilen. Zugedeckt 30 Minuten gehen lassen. Von der Mitte her die Zutaten vermengen und so lange kneten, bis sich der Teig vom Schüsselboden löst. Zugedeckt an einem warmen Platz eine weitere Stunde gehen lassen.
Für den Belag Butter und Milch erhitzen, den Zucker einrühren und die Mandelblättchen zugeben. Unter Rühren 2 Minuten köcheln lassen.
Für die Streusel das Mehl in eine Schüssel sieben. Zucker, Vanillezucker und Zimt untermischen. Die Butter in Flöckchen zufügen. Mit den Händen oder mit 2 Gabeln die Zutaten zu Streuseln verarbeiten.
Den aufgegangenen Teig zusammenstoßen, gut durchkneten und auf einer bemehlten Fläche dünn ausrollen. Ein Backblech ausbuttern und den Teig daraufgeben. Mehrmals mit einer Gabel einstechen und einen Rand hochziehen. Zuerst die ausgekühlte Mandelmasse auf dem Teig verteilen, danach die Streusel aufstreuen. Weitere 20 Minuten gehen lassen. Im vorgeheizten Backofen bei 200° C etwa 25 Minuten backen. Herausnehmen und sofort glasieren. Dafür den Puderzukker mit 2 Eßlöffel Wasser verrühren.

Variante: Anstelle des Mandelbelages schmeckt auch Aprikosenkonfitüre köstlich.

8. Sächsischer Pflaumenkuchen

Für den Teig:
500 g Mehl, 30 g Hefe, 1/4 Liter Milch,
150 g Zucker, 200 g Butter oder Margarine, 1 Päckchen Vanillezucker,
1 kräftige Prise Salz,
Butter für das Backblech

Für den Belag:
2 kg Pflaumen, 2 EL Semmelbrösel

Für die Streusel:
100 g Butter, 150 g Mehl, 100 g Zucker

Für den Teig das Mehl in eine Schüssel sieben und in die Mitte eine Vertiefung drücken. Die zerbröckelte Hefe in etwas lauwarmer Milch mit 1 Eßlöffel Zucker verquirlen und in die Vertiefung gießen. Etwas Mehl darüberstäuben. Zugedeckt 30 Minuten gehen lassen. Weiche, in Stükke geschnittene Butter, Zucker, Vanillezucker, Salz auf den Mehlrand geben und von der Mitte aus die Zutaten vermengen, dabei die restliche Milch zugeben. Den Teig so lange schlagen, bis er glänzt. Zugedeckt an einem warmen Platz 1 Stunde gehen lassen. Die Pflaumen waschen, halb aufschneiden und den Stein herauslösen. Für die Streusel die Butterflocken, Mehl und Zucker zu Krümeln verarbeiten.
Den Teig zusammenstoßen, nochmals durchkneten und auf einer bemehlten Fläche fingerdick ausrollen. Ein Backblech ausbuttern, den Teig daraufgeben und einen Rand hochziehen. Die Semmelbrösel auf dem Teig verteilen und die Pflaumen schuppenartig dicht auflegen. Darüber die Streusel geben. Noch 10 Minuten gehen lassen. Im vorgeheizten Backofen bei 200° C etwa 45 Minuten backen.

Nur mit Streuseln und wenn's ein bißchen zwischen den Zähnen knirscht, ist der Kuchen richtig. Also recht knusprig! Und Schlagsahne gehört auch dazu.

9. Dresdner Mohnrolle

Für den Teig:
500 g Mehl, 30 g Hefe, 100 g Zucker,
1/8 Liter lauwarme Milch,
1 kräftige Prise Salz, 1/2 TL abgeriebene unbehandelte Zitronenschale,
3 geriebene bittere Mandeln, 1 Eigelb

Für die Füllung:
500 g gemahlener Mohn, 2 EL Grieß,
200 g Zucker, 1/2 TL Zimt,
1 kräftige Prise Salz,
4 EL gehackte Mandeln, 1/8 Liter Milch

Außerdem:
Butter für das Backblech,
Puderzucker zum Besieben

Das Mehl in eine Schüssel sieben und in die Mitte eine Vertiefung drücken. Die Hefe mit 1 Teelöffel Zucker in etwas lauwarmer Milch verquirlen und in die Vertiefung gießen. Etwas Mehl darüber stäuben. Zucker, Salz, Zitronenschale, Mandeln und Eigelb auf den Mehlrand geben. Zugedeckt 30 Minuten gehen lassen. Von der Mitte aus die Zutaten miteinander vermischen, die restliche Milch angießen und einen glatten Teig kneten. Zugedeckt 1 Stunde an einem warmen Platz gehen lassen.
Für die Füllung den Mohn mit Grieß, Zukker, Zimt, Salz und Mandeln vermischen und mit kochender Milch überbrühen. Etwas auskühlen lassen. Das Eigelb unterrühren. Beiseite stellen. Den Hefeteig

zusammenstoßen, durchkneten und zu einem Rechteck ausrollen. Mit der ausgekühlten Mohnmasse bestreichen, seitlich einschlagen, zusammenrollen. So auf ein ausgebuttertes Backblech legen, daß die Schlußseite nach unten kommt. Im vorgeheizten Backofen bei 200° C etwa 60 Minuten backen. Auskühlen lassen. Mit Puderzucker besieben.

10. Kirschrolle

Für den Teig:
500 g Mehl, 30 g Hefe, 1/4 Liter Milch,
1 Prise Salz, 125 g Zucker,
100 g Butterschmalz

Für die Füllung:
1 kg Sauerkirschen, 200 g Zucker,
2 Eier, 1 Päckchen Puddingpulver (Vanillegeschmack), 2 EL Rum,
2 EL Mandelsplitter, 100 g Butter,
2 EL Grieß

Außerdem:
Butter für das Backblech, 1 Eigelb,
150 g Puderzucker, 3 EL Zitronensaft

Das Mehl in eine Schüssel sieben und in die Mitte eine Vertiefung drücken. Die Hefe zerkrümeln, in etwas lauwarmer Milch verquirlen und in die Vertiefung gießen. Etwas Mehl darüberstäuben. Die übrigen Teigzutaten auf dem Mehlrand verteilen. Zugedeckt 30 Minuten gehen lassen. Von der Mitte aus alle Zutaten zu einem geschmeidigen Teig verkneten, dabei die restliche Milch zugeben. Zugedeckt 1 Stunde an einem warmen Ort gehen lassen.
Für die Füllung die Kirschen waschen, entsteinen und zuckern. In wenig Wasser 8 Minuten dünsten und anschließend auskühlen lassen. Eier, Puddingpulver, Rum, Mandelsplitter untermengen.
Den Teig zusammenstoßen, durchkneten und auf einer bemehlten Fläche zu einem Rechteck ausrollen. Mit Butter bestreichen, Grieß darüberstreuen und die Kirschfülle darauf verteilen. Die Teigplatte zu einer Rolle formen und auf ein gebuttertes Backblech legen. Mit Eigelb bestreichen. Im vorgeheizten Backofen bei 225° C 35 bis 40 Minuten backen.
Für den Guß den Puderzucker mit dem Zitronensaft verrühren und die ausgekühlte Kirschrolle damit überziehen.

Variante: Anstelle der Sauerkirschen wird auf die mit Butter bestrichene Teigplatte auch gern eine dicke Schicht Kirschkonfitüre gestrichen. Darüber verteilt man reichlich gehackte Nüsse oder Mandeln, ehe man die Teigplatte zur Rolle formt.

Die Sachsen mögen es beim Schnabulieren gern etwas spannend. Deshalb haben viele Kuchen interessante Innenleben – und der Gaumen findet immer eine Überraschung.

11. Marmeladenrolle

Für den Teig:
4 Eier, 200 g Honig, 125 g Mehl,
1 Messerspitze Natron,
1 Päckchen Vanillezucker,
Butter für die Backform

Außerdem:
200 g Erdbeerkonfitüre,
100 g Puderzucker

Die Eier trennen. Das Eiweiß zu steifem Schnee schlagen. Die Eigelb verrühren, den flüssigen Honig einrühren. Mehl, Natron und Vanillezucker einarbeiten und zuletzt den Eischnee unterheben. Ein Backblech ausbuttern und mit Mehl bestäuben. Den Teig daraufgeben und im vorgeheizten Backofen bei 200° C etwa 20 Minuten backen. Herausnehmen. Auf ein mit Mehl bestreutes Backbrett legen und mit Konfitüre bestreichen. Noch warm aufrollen und dick mit Puderzucker bestreuen.

12. Apfelwickel

Für den Teig:
1 Päckchen Backpulver, 300 g Mehl,
4 EL Zucker, 2 Eier,
1 Päckchen Vanillezucker,
1 Prise Salz, 100 g weiche Butter,
125 g Quark

Für die Füllung:
2 kg Äpfel, 125 g Zucker,
4 EL Rosinen, 1/2 TL Zimt,
4 EL gehackte Mandeln

Außerdem:
Milch zum Bestreichen,
Hagelzucker,
Butter für das Backblech

Backpulver und Mehl in eine Schüssel sieben. In die Mitte eine Vertiefung drükken. Zucker, Eier und Gewürze hineingeben und mit etwas Mehl vermengen. Die Butter in Flöckchen daraufgeben. Den Quark durch ein Sieb streichen und ebenfalls in die Schüssel geben. Von der Mitte aus alle Zutaten zu einem glatten Teig verkneten.
Für die Füllung die Äpfel schälen, in Spalten schneiden, dabei das Kernhaus entfernen. Rosinen waschen und abtropfen lassen. Die Apfelspalten mit den Rosinen, Zucker und Zimt in wenig Wasser 2 bis 3 Minuten dünsten und anschließend auskühlen lassen. Den Teig in 2 Hälften teilen und jeweils auf einer bemehlten Fläche zu einem Rechteck ausrollen. Darauf in die Mitte die Apfelfüllung und die gehackten Mandeln geben. Jetzt die Teigenden darüberschlagen und die Ränder fest zusammendrücken. Die Wickel mit Milch bestreichen und mit Hagelzucker bestreuen. Ein Backblech ausbuttern, die Apfelwickel daraufsetzen und im vorgeheizten Backofen etwa 25 Minuten bei 200° C backen.

13. Oberlausitzer Kümmelkuchen

Für den Teig:
600 g Mehl, 40 g Hefe,
knapp ½ Liter lauwarme Milch,
80 g Zucker, 1 kräftige Prise Salz,
100 g Butter

Für den Belag:
5 g Kümmel, 4 EL Zucker,
80 g Butter, 4 Eier

Das Mehl in eine Schüssel sieben und in die Mitte eine Vertiefung drücken. Die Hefe in 4 Eßlöffel warmer Milch verquirlen, je 1 Teelöffel Mehl und Zucker einrühren und alles in die Vertiefung gießen. Zugedeckt 20 Minuten gehen lassen. Auf den Mehlrand den restlichen Zucker, das Salz und die Butter in Flöckchen geben. Von der Mitte aus die Zutaten vermengen und die restliche Milch zufügen. Den Teig gut durchkneten und so lange mit dem Holzlöffel schlagen, bis er sich von der Schüssel löst. Zum Kloß formen und zugedeckt weitere 30 Minuten gehen lassen. Kräftig durchkneten und nochmals 30 Minuten gehen lassen. Den Teig auf bemehlter Fläche dünn ausrollen. Ein Backblech ausbuttern. Den Teig darauflegen und mit Kümmel und Zucker bestreuen. Butter und Eier schaumig schlagen und auf dem Teig verteilen. Im vorgeheizten Backofen bei 200° C etwa 25 Minuten backen.

14. Vogtländischer Aschkuchen

Für den Teig:
250 g Mehl, 250 g Quark,
100 g Butter, 150 g Zucker,
1 Prise Salz, 2 Eier,
2 EL gehackte Haselnüsse,
2 gestrichene TL Backpulver,
Butter für die Backform,
50 g Semmelbrösel

Außerdem:
50 g Butter, 125 g Puderzucker

Das Mehl und den Quark getrennt durch ein Sieb geben. Die Butter schaumig schlagen, Zucker, Salz, Eier, Nüsse, Quark, Mehl und Backpulver unterrühren. Eine Backform ausbuttern und mit Semmelbröseln ausstreuen. Den Teig einfüllen. Im vorgeheizten Backofen bei 200° C etwa 60 Minuten backen. Herausnehmen und etwas auskühlen lassen. Den Kuchen vorsichtig stürzen, mit zerlassener Butter bepinseln und den Puderzucker darüber sieben.

Im Vogtland liebt man die Verbindung von Quark und Schokolade. Häufig genutzt wird deshalb ein Guß von 200 g Puderzucker, 3 Eßlöffel Kakao, 50 g zerlassener Butter oder Kokosfett, 3 Eßlöffel heißem Wasser. Dieser Guß wird auch über Quark-Blechkuchen gegeben.

15. Bautzener Gänsefett-kuchen

Für den Teig:
200 g Gänsefett, 150 g Zucker,
1 Päckchen Vanillezucker, 4 Eier,
1 Prise Salz, 4 EL Weinbrand,
400 g Mehl,
2 gestrichene TL Backpulver,
6 El Schlagsahne,
150 g Johannisbeergelee,
125 g geröstete Haferflocken,
2 EL gehackte Mandeln,
darunter 2 bittere, 100 g Puderzucker,
Butter für die Springform

Außerdem:
100 g Puderzucker zum Besieben

Gänsefett, Zucker und Vanillinzucker schaumig schlagen. Eier, Salz und Weinbrand einrühren. Das Mehl mit dem Backpulver vermengen und sieben. Nach und nach mit der Sahne unterrühren und alles sämig schlagen. Eine Springform ausbuttern und den Teig einfüllen. Im vorgeheizten Backofen bei 200° C 50 bis 60 Minuten backen. Herausnehmen und auskühlen lassen.
Das Johannisbeergelee erhitzen, Haferflocken und Mandeln einrühren. Den Kuchen in der Mitte durchschneiden und mit der Geleemasse füllen. Dann den Kuchen mit Puderzucker besieben. Oft wird die Geleemasse aber auch auf den Kuchen gestrichen und dick mit Puderzucker besiebt.

16. Dresdner Eierschecke

Für den Teig:
500 g Mehl, 30 g Hefe, 1/4 Liter lauwarme Milch, 200 g Butter, 150 g Zucker, 1 Päckchen Vanillezucker, 1 kräftige Prise Salz, Butter für das Backblech

Für den Belag:
150 g Butter, 300 g Zucker, 8 Eier, 1 kg Quark, 1 Päckchen Puddingpulver Vanillegeschmack, 1/2 TL abgeriebene, unbehandelte Zitronenschale, 1 Prise Salz, 2 EL geriebene Mandeln, darunter 2 bittere, 1 EL Stärkemehl, 4 cl Weinbrand

Das Mehl in eine Schüssel sieben und in die Mitte eine Vertiefung drücken. Die zerbröckelte Hefe in etwas lauwarmer Milch mit 1 Teelöffel Zucker verrühren und in die Vertiefung gießen. Etwas Mehl darüber streuen. Zugedeckt 30 Minuten gehen lassen. Dann die Butter in Flöckchen, den restlichen Zucker, Vanillezucker und Salz auf dem Mehlrand verteilen. Von der Mitte aus alle Zutaten gut verkneten, dabei die restliche Milch zufügen. Den Teig so lange schlagen, bis er glänzt. Zugedeckt an einem warmen Platz

Eierschecke gibt es in Sachsen in zahlreichen Varianten – und jeder schwört auf »sein« Rezept!

1 Stunde gehen lassen. Nun den Teig zusammenschlagen und durchkneten. Danach auf bemehlter Fläche ausrollen. Ein Backblech ausbuttern, die Teigplatte auflegen und einen Rand andrücken.
Für den ersten Belag 100 g Butter schaumig schlagen, nach und nach Zucker, 3 Eier, Quark, Puddingpulver, Zitronenschale, Salz und Mandeln unterrühren. Diese Masse auf den Teig geben.
Für den zweiten Belag 5 Eier mit dem restlichen Zucker verschlagen und die restliche Butter, Stärkemehl und Weinbrand unterrühren. Die Masse im Wasserbad so lange schlagen, bis eine dickschaumige Creme entstanden ist. Die Creme über die Quarkmasse ziehen. Im vorgeheizten Backofen bei 200° C etwa 45 Minuten backen. Die Oberhitze reduzieren, damit die Creme nicht zu dunkel wird.

17. Freiberger Eierschecke

Für den Teig:
30 g Hefe, 100 g Zucker,
1/4 l Milch,
500 g Mehl, 1 Prise Salz,
100 g Butterschmalz oder Butter

Für den Belag:
100 g Rosinen, 2 EL Rum
200 g Butter, 200 g Zucker
8 Eier,
100 g gehackte Mandeln

Für den Teig: Die Hefe mit 1 Teelöffel Zucker und 6 Eßlöffel lauwarmer Milch verrühren. Zwei Drittel des Mehls in eine Rührschüssel sieben. In die Mitte eine Vertiefung drücken, die aufgelöste Hefe hineingeben und 1/2 cm dick mit Mehl bestäuben. Sobald das auf die Hefe gegebene Mehl rissig wird, Zucker, Salz, 100 g Butterschmalz in Flöckchen dazugeben und von der Mitte aus die Hefe mit dem Mehl und den übrigen Zutaten verarbeiten. Nach und nach die restliche Milch zufügen.
Den Teig so lange schlagen, bis er Blasen wirft. Das restliche Mehl unterkneten, der Teig muß weich bleiben. Wenn er klebt, noch etwas Mehl zufügen.
Den Teig an einen warmen Platz stellen und 1 Stunde gehen lassen. Er muß doppelt so hoch werden. Dann gut durchkneten und auf einem mit dem restlichen Butterschmalz gefetteten Backblech ausrollen. Mehrmals mit einer Gabel einstechen.
Für den Belag: Die Rosinen waschen, gut abtropfen lassen und mit den Rum vermischen. Butter, Zucker und Eier schaumig schlagen. Rosinen und Mandeln auf dem Teig verteilen und darüber die Butter-Eier-Masse gießen. Im vorgeheizten Backofen bei 200 °C etwa 25 Minuten backen.

18. Kleckselkuchen

<u>Für den Teig:</u>
500 g Mehl, 30 g Hefe, 100 g Zucker,
1/4 Liter lauwarme Milch,
1 kräftige Prise Salz, 50 g Butter

<u>Für die Quarkmasse:</u>
500 g Quark, 50 g Butter, 125 g Zucker,
2 EL Milch, 1 EL Stärkemehl,
2 EL Zitronensaft,
100 g gebrühte, abgetropfte Rosinen

<u>Für die Mohnmasse:</u>
50 g Butter, 200 g gemahlener Mohn,
1/8 Liter Milch, 3 EL Semmelbrösel,
4 EL Zucker, 1 Messerspitze Zimt

<u>Für die Streusel:</u>
100 g Mehl, 100 g Zucker, 100 g Butter

<u>Außerdem:</u>
4 Äpfel, 2 EL Zitronensaft, 50 g Butter,
100 g Puderzucker,
Butter für das Backblech

Für den Teig: Das Mehl in eine Schüssel sieben und in die Mitte eine Vertiefung drücken. Die Hefe mit 1 Teelöffel Zucker in etwas lauwarmer Milch verquirlen und in die Vertiefung gießen. Etwas Mehl darüberstäuben. Den restlichen Zucker, das Salz und die Butter auf dem Mehlrand verteilen. Zugedeckt 30 Minuten gehen lassen. Von der Mitte aus alle Zutaten miteinander vermengen, dabei die restliche Milch zugeben. Den Teig solange kneten, bis er Blasen wirft. Darauf achten, daß der Teig weich bleibt. Sollte er kleben, noch etwas Mehl einarbeiten. Den Teig zugedeckt an einem warmen Platz 1 Stunde gehen lassen.

Für die Quarkmasse: Den Quark durch ein Sieb streichen. Eigelb, Butter und Zucker schaumig schlagen. Milch und nach und nach den Quark unterrühren. Stärkemehl, Zitronensaft und Rosinen zugeben. Die Masse solange schlagen, bis sie cremig ist.

Für die Mohnmasse: Die Butter zerlassen, den Mohn hineingeben und die Milch angießen. Unter Rühren zum Kochen bringen und 5 Minuten köcheln lassen, dabei weiter rühren. Semmelbrösel, Zucker und Zimt zufügen und alles nochmals aufkochen lassen. Erkalten lassen. Dabei mehrfach umrühren, damit sich keine Haut bildet.

Den Teig zusammenstoßen, nochmals gut durchkneten und auf einer bemehlten Fläche ausrollen. Das Backblech ausbuttern, den Teig auflegen und mehrmals mit einer Gabel einstechen. Einen Teigrand andrücken. Mit einem Eßlöffel Quark- und Mohnmasse abwechselnd darauf »klecksen«. Die Äpfel schälen, in Viertel, dann in Spalten schneiden, dabei das Kernhaus entfernen. Die Apfelspalten mit Zitronensaft beträufeln und zwischen den Mohn- und Quarkklecksen verteilen.

Für die Streusel: Das Mehl in eine Schüssel sieben und mit dem Zucker vermischen. Die Butter in Flöckchen zugeben. Mit 2 Gabeln oder mit den Händen die

20. Vogtländischer Blaubeerkuchen

<u>Für den Teig:</u>
500 g Mehl, 30 g Hefe,
100 g Zucker, 1/4 Liter Milch,
1 Prise Salz, 80 g Butter

<u>Für den Belag:</u>
2 EL Semmelbrösel,
1,5 kg Blaubeeren (Heidelbeeren)

<u>Außerdem:</u>
3 EL Zucker, 1/2 TL Zimt, 50 g Butter

Das Mehl in eine Schüssel sieben und in die Mitte eine Vertiefung drücken. Die Hefe mit 1 Teelöffel Zucker in etwas lauwarmer Milch verrühren und in die Vertiefung gießen. Etwas Mehl darüber stäuben. Auf den Mehlrand den restlichen Zucker, Salz, die Butter in Flöckchen geben. Zugedeckt 30 Minuten gehen lassen. Von der Mitte aus alle Zutaten miteinander verkneten, dabei die restliche Milch zufügen. Der Teig soll weich bleiben. Zugedeckt nochmals 1 Stunde gehen lassen. Nochmals durchkneten. Ein Backblech ausbuttern, den Teig daraufgeben und einen 2 bis 3 cm hohen Rand andrücken. Mehrmals mit einer Gabel einstechen. Semmelbrösel darauf streuen. Mit den vorbereiteten, gut abgetropften Beeren belegen. Im vorgeheizten Backofen bei 200° C 30 Minuten backen. Herausnehmen und sofort mit Zimtzucker bestreuen und Butterflöckchen aufsetzen.

Die Vogtländer machen hier eine Ausnahme:
Sie verzichten auf Streusel. Für die Leipziger, Dresdner, Meißner ganz unmöglich!

21. Oberlausitzer Eierlikörkuchen

<u>Für den Teig:</u>
4 Eier, 125 g Butter, 1/8 Liter Eierlikör,
300 g Mehl,
1 EL Puddingpulver Vanillegeschmack,
2 gestrichene TL Backpulver,
250 g Puderzucker,
Butter für die Springform

<u>Außerdem:</u>
50 g Butter,
125 g Puderzucker zum Besieben

Die Eier trennen. Butter, Eigelb und Eierlikör schaumig schlagen. Das Mehl mit dem Puddingpulver und dem Backpulver vermischen und sieben. Nach und nach unter die Eiermasse rühren. Den Puderzucker ebenfalls einrühren. Das Eiweiß steif schlagen und unter den Teig heben. Eine Springform ausbuttern, den Teig einfüllen. Im vorgeheizten Backofen bei 200° C etwa 60 Minuten backen.
Herausnehmen und auskühlen lassen. Den Kuchen mit zerlassener Butter bepinseln und reichlich mit Puderzucker besieben.

22. Zuckerkuchen

Für den Teig:
30 g Hefe, 100 g Zucker, 1/4 Liter lauwarme Milch, 500 g Mehl, 1 kräftige Prise Salz, 50 g zerlassene Butter, Butter für das Backblech

Für den Belag:
125 g Butter, 1 Päckchen Vanillezucker, 4 EL gehackte Mandeln oder gehackte Haselnußkerne, 125 g Zucker

Die Hefe mit einem Teelöffel Zucker und 5 Eßlöffel Milch anrühren. Zwei Drittel des Mehls in eine Schüssel sieben, in die Mitte eine Vertiefung drücken. Die aufgelöste Hefe hineingeben und sie 1/2 cm dick mit Mehl bestreuen. Zucker, Gewürze und Butter an den Mehlrand geben. Sobald das auf die Hefe gestreute Mehl rissig wird, von der Mitte aus die Hefe mit dem Mehl und den übrigen Zutaten vermengen. Dabei nach und nach die Milch zugeben.
Den Teig mit dem Rührlöffel so lange schlagen, bis er Blasen wirft. Dann das restliche Mehl darunterkneten. Klebt der Teig, noch etwas Mehl zufügen. An einem warmen Ort eine Stunde gehen lassen.
Zusammenstoßen und nochmals gut durchkneten. Ein Backblech ausbuttern, den Teig darauf ausrollen und einen Rand hochziehen. Die Butter in Flöckchen, den Zucker, Vanillezucker und die Mandeln darauf verteilen. Nochmals 30 Minuten gehen lassen. Im vorgeheizten Backofen bei 200° C etwa 25 Minuten backen.

23. Lausitzer Apfelbrot

Für den Teig:
2 EL Rosinen, 2 EL Rum, 400 g Äpfel, 1 TL Zimt, 4 Eier, 125 g Zucker, 50 g Butter, 150 g Mehl, 2 gestrichene TL Backpulver

Außerdem:
Butter für die Kastenform, 1 EL Semmelbrösel, Puderzucker zum Besieben

Die vorbereiteten Rosinen mit dem Rum begießen und zugedeckt ziehen lassen. Die Äpfel schälen, grob raspeln und mit Zimt und Rosinen vermischen. Die Eier trennen. Eigelb mit Zucker und Butter so lange verschlagen, bis die Masse cremig ist. Das Mehl sieben, mit dem Backpulver vermengen und nach und nach zur Creme geben. Danach die Apfelmasse zufügen. Die Eiweiß zu Schnee schlagen und unter den Teig heben. Eine Kastenform ausbuttern, mit Semmelbröseln ausstreuen und den Teig einfüllen. Im vorgeheizten Backofen bei 200° C etwa 40 Minuten backen. Auskühlen lassen, aus der Form nehmen und dick mit Puderzucker besieben. Nach Belieben Schlagsahne dazu reichen.

Torten,

die Prunkstücke der Kaffeetafel – Häppchen für Häppchen ein Vergnügen

24. Leipziger Kaffeetorte

Für den Teig:
100 g Butter, 4 Eier, 125 g Zucker,
6 EL frisch gebrühter,
erkalteter starker Bohnenkaffee,
1/8 Liter Milch,
200 g Mehl, 2 EL Stärkemehl,
2 gestrichene TL Backpulver,
Butter für die Backform

Für die Füllung:
1/8 Liter Milch, 3 EL Puddingpulver
Schokoladengeschmack,
2 EL Zucker,
1 Päckchen Vanillezucker,
50 g Butter, 1 Eigelb,
3 EL gehackte Nüsse

Für die Glasur:
200 g Puderzucker,
2 EL Kakao,
1 EL Butter

Die Butter schaumig schlagen. Die Eier trennen. Eigelb, Zucker, Bohnenkaffee und Milch einrühren. Mehl, Stärkemehl und Backpulver vermischen und sieben. Nach und nach unterrühren. Eiweiß zu steifem Schnee schlagen und unter den Teig heben. Eine Backform ausbuttern, den Teig einfüllen und im vorgeheizten Backofen bei 200° C etwa 35 Minuten backen. Auskühlen lassen und quer durchschneiden.
Für die Füllung die Milch erhitzen, das Puddingpulver mit wenig kaltem Wasser glattquirlen und in die Milch rühren. Aufkochen und anschließend auskühlen lassen. Dabei hin und wieder umrühren, damit sich keine Haut bildet. Butter schaumig schlagen, Puderzucker, Eigelb und Vanillezucker zufügen und gut verrühren. Die ausgekühlte Puddingmasse und die Nüsse einrühren. Die Torte damit füllen.
Aus dem Puderzucker, 2 Eßlöffel heißem Wasser, Kakao und weicher Butter die Glasur bereiten und die Oberfläche und die Seiten der Torte damit bestreichen. Nach Belieben mit Mokkapralinen garnieren.

Für die Mokkapralinen:
2 EL Rosinen, 8 EL Rum,
300 g halbbittere Kuvertüre,
1/8 Liter Schlagsahne,
50 g Kokosfett,
1 EL lösliches Kaffeepulver,
Butter für das Backblech

Außerdem:
500 g Vollmilchkuvertüre

Die gewaschenen Rosinen mit 2 Eßlöffel lauwarmem Rum übergießen. Die Kuvertüre zerkleinern und in lauwarme Schlagsahne legen. Im heißen Wasserbad die Kuvertüre unter Rühren zum Schmelzen bringen. Kokosfett und Kaffeepulver unterrühren. Alles so lange an einen kalten Platz stellen, bis die Masse am Rand fest wird.
Ein Backblech mit Backtrennpapier auslegen. Die Schokoladenmasse mit Handrührgerät so lange schlagen, bis Spitzen stehen bleiben. Dabei den restlichen Rum zugeben. Die Masse in einen Spritzbeutel mit Lochtülle füllen, haselnußgroße Häufchen auf das Blech spritzen, abgetropfte Rosinen hineindrücken und abgedeckt über Nacht an einem kühlen Platz stehen lassen.
Für die Glasur die Kuvertüre im heißen Wasserbad schmelzen, auskühlen, aber nicht fest werden lassen. Die Pralinen mit Hilfe einer Gabel in die Kuvertüre tauchen und zum Trocknen auf Alufolie setzen.

25. Meißner Quarktorte ohne Boden

Für den Teig:
250 g Butter, 6 Eier, 300 g Zucker,
1 TL abgeriebene, unbehandelte Zitronenschale, 3 EL Zitronensaft,
1 kg trockener Quark,
100 g Grieß, 1 El Mehl,
1 Päckchen Backpulver,
1 kräftige Prise Salz,
125 g Puderzucker,
Butter für die Form

200 g Butter schaumig schlagen. Die Eier trennen. Eigelb, Zucker, Zitronenschale und Zitronensaft zur Butter geben und gut verrühren. Den Quark mit Grieß, Mehl und Backpulver vermengen und zur Butter-Eier-Masse geben. Eiweiß mit einer Prise Salz zu steifem Schnee schlagen und unter die Teigmasse heben. Eine Springform ausbuttern, den Teig hineingeben. Im vorgeheizten Backofen bei 180° C etwa 50 bis 60 Minuten backen. Noch heiß mit der restlichen Butter bestreichen und mit Puderzucker besieben.

Quark ist in Sachsen beliebte Backzutat: in Torten, für Rühr- und Blechkuchen, auch mit Kartoffeln in den hochgeschätzten Quarkkeulchen …

26. Obsttorte mit Streuseln

Für den Teig:
150 g Mehl,
½ gestrichener TL Backpulver,
2 EL Zucker, 1 Päckchen Vanillezucker,
1 Ei, 70 g Butter

Für den Belag:
750 g Äpfel, Kirschen oder Pflaumen

Für die Streusel:
150 g Mehl, 150 g Zucker,
1 Messerspitze Zimt, 100 g Butter

Außerdem:
steifgeschlagene, gesüßte Schlagsahne

Für den Teig das Mehl mit dem Backpulver vermischen und in eine Schüssel sieben. In die Mitte eine Vertiefung drücken. Zucker, Vanillezucker und das Ei hineingeben. Mit einem Teil des Mehls zu einem Brei verrühren. Darauf die in Stücke geschnittene kalte Butter geben und alles rasch zu einem glatten Teig verkneten. 30 Minuten kalt stellen. Eine Springform ausbuttern. Den Teig hineingeben und einen Rand von 2 bis 3 cm hochziehen. Den Teigboden mehrmals mit einer Gabel einstechen. Im vorgeheizten Backofen bei 200° C etwa 20 Minuten backen. Herausnehmen und etwas auskühlen lassen. Jetzt das vorbereitete Obst darauf anordnen und die Streusel darüber geben.
Für die Streusel das Mehl sieben und mit Zucker, Vanillezucker und Zimt vermischen. Die Butter in Flöckchen dazugeben und alles mit 2 Gabeln oder mit den Händen zu Streuseln vermischen. Sollten die Streusel zu klein geraten, einige Tropfen Milch zufügen. Zu große Streusel kann man mit etwas Mehl in die gewünschte Form bringen. Im vorgeheizten Backofen bei 200° C etwa 20 Minuten backen. Auskühlen lassen. Schlagsahne dazu reichen.

27. Quittentorte

Für den Teig:
250 g Mehl, 200 g Butter, 70 g Zucker,
1 Prise Salz, 1 Ei, 2 EL Milch,
1 TL abgeriebene, unbehandelte Zitronenschale

Für den Belag:
1 kg Quitten, 50 g Zitronat,
250 g Zucker, 1 TL abgeriebene,
unbehandelte Zitronenschale

Für den Guß:
4 Eier, 2 Eigelb, 4 EL Zucker, 2 EL gemahlene Mandeln, 2 EL Zitronensaft

Außerdem:
2 EL Semmelbrösel, ½ TL Zimt,
50 g Zucker, 80 g Butter

Das Mehl in eine Schüssel sieben und in die Mitte eine Vertiefung drücken. Die Butter in Flöckchen auf den Rand setzen. Zucker, Salz, Ei, Milch und Zitronen-

schale in die Vertiefung geben. Alle Zutaten mit einem großen Messer durcheinander hacken und zu einem glatten Teig verkneten, 1 Stunde in den Kühlschrank stellen.
Die Quitten unter fließendem Wasser abbürsten, schälen und in Viertel schneiden. Das Kerngehäuse entfernen. In 3/4 Liter Wasser die Quitten zum Kochen bringen und 20 Minuten köcheln lassen. Herausnehmen, abtropfen lassen, den Saft auffangen und beiseite stellen. Das Obst in kleine Würfel schneiden, das Zitronat fein schneiden. In 1/4 Liter Quittenkochwasser den Zucker aufkochen und Quittenwürfel, Zitronat und Zitronenschale zufügen. Alles etwa 20 Minuten köcheln lassen, bis eine geleeartige Masse entstanden ist. Auskühlen lassen.
Den Teig auf einer bemehlten Fläche ausrollen und in eine ausgebutterte Springform legen, mehrfach mit einer Gabel einstechen. Aus Teigresten eine Rolle formen. Den Rand der Teigplatte mit Milch bestreichen und die Rolle darauflegen. Von der Quittenmasse 5 Eßlöffel abnehmen und beiseite stellen. Die restliche Masse auf den Teig geben.
Für den Guß Eier, Eigelb und Zucker schaumig schlagen. Das beiseitegestellte Quittengelee, Mandeln und Zitronensaft unterrühren und alles über dem Quittengelee verteilen. Im vorgeheizten Backofen bei 200° C 35 Minuten backen. Semmelbrösel, Zimt, Zucker und Butter vermischen, auf der Torte verteilen und noch weitere 15 Minuten backen.

28. Obsttorte

Für den Teig:
250 g Mehl,
1 gestrichener TL Backpulver,
100 g Butter, 80 g Zucker, 1 Ei,
1 Päckchen Vanillezucker,
1/2 TL abgeriebene unbehandelte Zitronenschale, 1 Prise Salz,
Butter und Semmelbrösel für die Springform

Zum Bestreichen:
1 Päckchen Soßenpulver (Vanillegeschmack), 1 EL Zucker,
knapp 1/4 Liter Milch

Für den Belag:
1 kg gemischte frische Früchte (Kirschen, Erdbeeren, Himbeeren, Pfirsiche, Aprikosen, Äpfel)

Für den Guß:
1 Päckchen Tortenguß

Außerdem:
steifgeschlagene Schlagsahne, Mandel- und Schokoladensplitter zum Garnieren

Für den Teig Mehl und Backpulver vermischen und durch ein Sieb geben. Butter, Zucker und Ei schaumig schlagen, Gewürze und Mehl einrühren und gut verkneten. Den Teig auf einer bemehlten Fläche ausrollen. Ein Springform ausbuttern und mit Semmelbröseln ausstreuen. Den Teig

einfüllen und einen Rand formen. Mehrmals mit einer Gabel einstechen und im vorgeheizten Backofen bei 200° C etwa 20 Minuten backen.
Zum Bestreichen der Obsttorte Soßenpulver, Zucker und Milch verquirlen und unter Rühren zum Kochen bringen. Aufkochen und anschließend auskühlen lassen. Dabei hin und wieder umrühren, damit sich keine Haut bildet. Den ausgekühlten Tortenboden damit bestreichen und darauf die vorbereiten Früchte anordnen.
Den Tortenguß nach Vorschrift zubereiten und über den Früchten verteilen. Mit Schlagsahne, Mandel- und Schokoladensplittern verzieren.

29. Vogtländische Kürbistorte

Für den Teig:
200 g Mehl, 100 g Butterschmalz,
80 g Zucker, 1 Prise Salz,
Butter für die Backform

Für den Belag:
500 g Kürbisfleisch, 1 Prise Salz,
3 EL Essig, 50 g Butter, 100 g Zucker,
2 Eier, 1/2 TL Zimt,
1 Messerspitze Ingwerpulver,
1 EL Stärkemehl

Außerdem:
1/4 Liter Schlagsahne

Das Mehl in eine Schüssel sieben, darauf das Butterschmalz in Flöckchen setzen. Mehl und Butterschmalz mit 2 Gabeln oder mit den Händen zu Streuseln formen. Zucker, Salz und 3 Eßlöffel kaltes Wasser zufügen. Den Teig mit den Händen verkneten und zu einer Kugel formen. 30 Minuten kalt stellen.
Den Teig auf einer bemehlten Fläche ausrollen. Eine Springform ausbuttern und mit dem Teig auslegen, dabei einen 3 cm hohen Rand formen. Zugedeckt 30 Minuten kalt stellen. Dann die Springform mit dem Teigboden im vorgeheizten Backofen bei 200° C 20 Minuten backen.
Den geschälten, vom Kernhaus befreiten und in Würfel geschnittenen Kürbis in wenig Wasser mit Salz und Essig 15 Minuten dünsten. Abtropfen lassen und pürieren. Butter und Zucker schaumig schlagen. Die Eier trennen. Eigelb unter die Butter rühren. Zimt und Ingwer zufügen. Stärkemehl in wenig kaltem Wasser verquirlen und zusammen mit dem Kürbismus unter die Creme rühren. Eiweiß zu steifem Schnee schlagen, unter die Kürbiscreme heben und anschließend die Creme auf dem Tortenboden verteilen.
Noch weitere 25 Minuten backen. Sofort heiß servieren. Schlagsahne mit etwas Zucker steif schlagen und dazu reichen.

30. Frühlingshymne à la Felsche

Für den Teig:
300 g Mehl, 25 g Hefe, 1/4 Liter Milch, 150 g Butter, 2 EL Zucker, 1 Päckchen Vanillezucker, 1 kräftige Prise Salz, 1/2 TL abgeriebene unbehandelte Zitronenschale, 4 Eigelb, Butter für die Springform

Für den Sud:
1/4 Liter Weißwein (Elbtal-Riesling), 4 EL Honig, 2 EL Orangenlikör, 4 EL Himbeergeist

Für die Füllung:
1 kg Rhabarber, 3/8 Liter Weißwein (Elbtal-Riesling), 150 g Zucker, 1 kg Erdbeeren

Für die Sauce:
500 g Johannisbeergelee, 4 EL Orangenlikör, 200 g Aprikosenmarmelade

Außerdem:
1/4 Liter steifgeschlagene Schlagsahne und gezuckerte Veilchenblüten zum Garnieren

Für den Teig das Mehl in eine Schüssel sieben und in die Mitte eine Vertiefung drücken. Die Hefe zerbröckeln, in etwas lauwarmer Milch verquirlen und in die Vertiefung gießen. Die Butter in Flöckchen und die übrigen Zutaten auf dem Mehlrand verteilen. Zugedeckt 30 Minuten gehen lassen. Von der Mitte aus alle Zutaten zu einem glatten, glänzenden, lockeren Teig verarbeiten. Eine Springform ausbuttern und mit Mehl bestäuben. Den Teig einfüllen und zugedeckt 10 Minuten gehen lassen. Im vorgeheizten Backofen bei 225° C 30 bis 35 Minuten backen. Etwas auskühlen lassen und auf ein Kuchengitter stürzen.
Für den Sud Weißwein und Honig mit 1/8 Liter Wasser zum Kochen bringen. Auskühlen lassen. Orangenlikör und Himbeergeist einrühren. Den Kuchen in den Sud legen. Nach 10 Minuten wenden und so lange in der Flüssigkeit liegen lassen, bis sie in den Kuchen eingezogen ist.
Für die Füllung den Rhabarber putzen, waschen und in 2 bis 3 cm lange Stücke schneiden. Den Weißwein mit dem Zukker zum Kochen bringen, den Rhabarber hineingeben und 5 Minuten köcheln lassen. Herausnehmen und abtropfen lassen. Die Erdbeeren waschen, putzen und halbieren.
Für die Sauce das Johannisbeergelee kurz aufkochen und im kalten Wasserbad glattrühren. Den Orangenlikör zugeben. Die Aprikosenmarmelade mit 2 Eßlöffel Wasser aufkochen und anschließend durch ein Sieb streichen. Die Oberfläche des Kuchens damit bestreichen und die Früchte darauf anordnen. Zuletzt die Johannisbeersauce darübergeben, mit Schlagsahne und Veilchenblüten garnieren.

Für die kandierten Veilchen braucht man 30 Veilchenblütenblätter und 200 g Zukker. Die gewaschenen, abgetropften Veilchenblütenblätter, an denen noch ein Stück Stengel ist, in ein Pfännchen legen. Den Zucker bei etwa 37° C mit etwas Wasser zum Schmelzen bringen und über die Veilchen gießen. Die Blumen 12 Stunden in der Lösung ziehen lassen. Mit einer Pinzette herausnehmen und trocknen lassen.

31. Erzgebirgische Kartoffeltorte

<u>Für den Teig:</u>
500 g Kartoffeln,
8 Eier, 50 g Butter, 200 g Zucker,
4 EL gehackte Mandeln, darunter
2 bittere, 2 EL Zitronensaft,
1 TL abgeriebene, unbehandelte
Zitronenschale,
2 EL Kartoffelmehl,
Butter für die Form

Die Kartoffeln mit der Schale kochen, danach pellen und durch die Kartoffelpresse geben. Über Nacht an einen luftigen Platz stellen, damit die Kartoffelmasse austrocknen kann. Die Eier trennen. Butter, Eigelb und Zucker schaumig schlagen. Mandeln, Zitronensaft und Zitronenschale zugeben. Nach und nach die Kartoffelmasse einarbeiten und das Kartoffelmehl zufügen. Eiweiß zu steifem Schnee schlagen und unterheben. Eine Springform ausbuttern, die Teigmasse einfüllen und im vorgeheizten Backofen bei 200° C 50 bis 60 Minuten backen. Nach Belieben Schlagsahne dazu reichen.

32. Borsdorfer Apfeltorte

<u>Für den Teig:</u>
125 g Butter, 125 g Zucker, 4 Eier,
1/2 TL abgeriebene, unbehandelte
Zitronenschale, 200 g Mehl,
2 EL Stärkemehl,
2 gestrichene TL Backpulver,
4 EL kalte Milch,
750 g säuerliche Äpfel,
100 g Aprikosenmarmelade,
50 g Hagelzucker

Die Butter schaumig schlagen. Zucker unterrühren. Die Eier trennen. Eigelb und Zitronenschale zur Buttermasse geben. Mehl, Stärkemehl und Backpulver mischen, sieben und nach und nach zusammen mit der Milch einrühren. Eiweiß zu steifem Schnee schlagen und unter die Teigmasse heben. Eine Springform ausbuttern und den Teig einfüllen.
Von den Äpfeln das Kernhaus ausstechen. Die Äpfel schälen und halbieren, etwas einschneiden und auf dem Teig verteilen. Im vorgeheizten Backofen bei 200° C 50 bis 60 Minuten backen. Noch warm mit der Aprikosenmarmelade bestreichen und den Hagelzucker aufstreuen.

33. Himmeltorte mit kandierten Holunderdolden

Für die Verzierung:
6 bis 8 gerade aufgeblühte, frisch gepflückte Holunderdolden mit Stengel,
4 Eiweiß,
700 g Zucker

Für den Teig:
6 Eiweiß, 300 g Puderzucker,
2 EL Zitronensaft

Für den Belag:
500 g frische Erdbeeren,
am besten Walderdbeeren,
50 g Zucker,
1 Päckchen roter Tortenguß,
1/4 Liter Schlagsahne, 1 EL Zucker

Die Holunderdolden mit Stiel unter kaltem Wasser abbrausen, in eine Vase mit Wasser stellen und trocknen lassen. Eiweiß und 8 Eßlöffel kaltes Wasser so mit einer Gabel verschlagen, daß kein Schaum entsteht. Anfallende Bläschen abnehmen. Holunderdolden ganz oder zerteilt in die Eiweißmasse tauchen, dabei vorsichtig hin- und herbewegen. Herausnehmen, die Feuchtigkeit etwas abschwenken. Zunächst das Blüteninnere mit Zucker bestreuen, dann das Äußere. Den Stiel auf eine hakenförmig auseinandergezogene Büroklammer spießen und zum Trocknen aufhängen. Die Dolden müssen 3 bis 4 Tage trocknen.
Für den Teig das Eiweiß am Backtag zu steifem Schnee schlagen, nach und nach Zucker und Zitronensaft zugeben. Den Boden einer Springform mit Backpapier auslegen. Die Teigmasse in einen Spritzbeutel mit glatter Tülle füllen und spiralförmig eine gleichmäßige Schicht auf das Papier spritzen. Danach mit der Sterntülle in gleichmäßigen Abständen Tupfen auf den Rand setzen. Den Baiserboden im Backofen bei 80° C 1 Stunde mehr trocknen als backen lassen. Noch warm vom Backpapier trennen.
Die Erdbeeren waschen und putzen. Kurz vor dem Servieren die Erdbeeren auf den Tortenboden schichten und mit Zucker bestreuen. Den Tortenguß nach Vorschrift zubereiten und über die Früchte ziehen. Die Torte mit kandierten Holunderdolden oder verzuckerten Veilchenblüten (Rezept S. 43/44) verzieren. Die Sahne steif schlagen, zuckern und dazu reichen.

Kleingebäck,

so köstlich wie im siebten Knusperhimmel

34. Pulsnitzer Pfefferkuchen

Für den Teig:
250 g Honig, 250 g Zucker, 60 g Butter,
2 EL Kakao, 600 g Mehl,
1 Messerspitze Zimt,
4 g Kardamom,
½ TL abgeriebene, unbehandelte Zitronenschale,
125 g gehackte Mandeln, davon 3 bittere,
125 g Zitronat, 1 Ei,
10 g Hirschhornsalz, 5 g Pottasche

Den Honig mit dem Zucker und der Butter erhitzen, gut verrühren und anschließend auskühlen lassen. Den Kakao mit dem Mehl vermischen, sieben und nach und nach in die Honigmasse einrühren. Zimt, Kardamom, Zitronenschale, Mandeln, das in kleine Würfel geschnittene Zitronat und das Ei ebenfalls einarbeiten. Hirschhornsalz und Pottasche getrennt in wenig Wasser auflösen und zufügen. Alles gut verkneten. Den Teig über Nacht an einem kühlen Platz ruhen lassen.

Auf einer bemehlten Fläche ½ cm dick ausrollen. Figuren, Herzen, Sterne, Taler ausstechen. Im vorgeheizten Backofen bei 180° C etwa 15 Minuten backen. Auskühlen lassen. Mit farbiger Zuckerglasur, Zuckerperlen und Mandeln verzieren.

In Pulsnitz ist immer Weihnachten – zumindest was den köstlichen Duft anbelangt! Seit dem Jahre 1743 werden hier die zuckersüßen, lustig-bunten Pfefferkuchen gebacken.
Wie es in ihren Küchen zuging, welches Handwerkszeug, welche Backöfen Pfefferküchler verwendeten – all das kann man in Deutschlands einzigem Pfefferkuchenmuseum in Weißenberg in der Oberlausitz bestaunen. Weißenberg lag seinerzeit sehr günstig an der Handelsstraße Via Regia (auch als Königs-, Salz- und Pfefferstraße überliefert), man konnte sich bei den vorbeiziehenden Händlern gut mit Gewürzen eindecken. Hier gab es die ersten Pfefferküchler schon im Jahre 1683.

35. Nascherei zur Vogelhochzeit

Für den Teig:
250 g Mehl,
1 gestrichener TL Backpulver,
75 g Zucker, 1 Päckchen Vanillezucker,
1 Ei, 1 EL Milch, 125 g Butter

Für den Guß:
100 g Puderzucker, 2 El Kakao,
20 g zerlassene Butter

Außerdem:
bunte Zuckerperlen

Für den Teig das Mehl mit dem Backpulver vermischen und in eine Schüssel sieben. In die Mitte eine Vertiefung drücken. Zukker, Vanillezucker, Ei und Milch hineingeben und mit etwas Mehl zu einem dikken Brei verarbeiten. Darauf die in Stücke geschnittene kalte Butter geben und mit Mehl bestäuben. Von der Mitte aus die Zutaten rasch zu einem glatten Teig verarbeiten. 1 Stunde in den Kühlschrank stellen. Den Teig auf einer bemehlten Fläche dünn ausrollen und 5 bis 6 cm große Vogelfiguren ausschneiden oder ausstechen. Ein Backblech ausbuttern, die Figuren auflegen und im vorgeheizten Backofen etwa 10 Minuten backen.
Für den Guß den Puderzucker sieben und mit dem Kakao vermischen. 1 Eßlöffel heißes Wasser und die zerlassene Butter unterrühren. Die Vogelfiguren damit glasieren und mit Zuckerperlen verzieren.

In manchen Dörfern ist es Brauch, die Figuren zu füllen. Dafür braucht man

125 g Kokosfett,
3 EL Zucker, 3 EL Kakao, 1 Ei.

Das Kokosfett wird erhitzt und an einen kühlen Platz gestellt. Inzwischen verrührt man Zucker, Kakao und Ei und gibt nach und nach lauwarmes Kokosfett dazu. Alles gut verrühren und kalt stellen. Sobald die Masse etwas fest geworden ist, streicht man sie auf die Rückseite einer Figur und drückt vorsichtig eine weitere darauf.

Wie freuen sich die Oberlausitzer Kinder auf den 25. Januar, den Tag der Vogelhochzeit. Schon früh werden sie verwöhnt: Auf dem Fensterbrett stehen Teller mit leckeren Süßigkeiten. Es ist ein Obolus der Vögel, die sich fürs Füttern bedanken. Und dann geht's erst richtig los: Denn natürlich werden die Kinder zur Hochzeitsfeier eingeladen, wo Elster und Rabe sich das Ja-Wort zukrächzen. Laut schallt es durch Gäßchen und Straßen:

Beim Schmücken der Vogelhochzeitsfiguren und der Zuckermännle (siehe Rezept Seite 58) sind Phantasie und Freude am bunten Gestalten gefragt.

»Der Reiher, der Reiher,
der bringt der Braut den Schleier,
die Huschegans, die Huschegans,
die bringt der Braut den Myrtenkranz,
fiderallalala, fiderallalala …«
Wer trägt in diesem Jahr das schönste Kostüm,
ist es der Aar
(er kämmt der Braut das Haar)
oder der Uhu
(er bringt der Braut die goldnen Schuh)
oder die Taube
(die bringt der Braut die Haube)?
Oder die Dohle
(sie bringt Holz und Kohle)?

36. Meißner Schaumgebäck

Für den Teig:
8 Eiweiß, 500 g Zucker, 2 EL Kakao

Für die Füllung:
4 EL Schlagsahne,
300 g halbbittere Kuvertüre,
250 g geröstete Mandelsplitter

Das Eiweiß mit der Hälfte des Zuckers steif schlagen. Nach und nach den restlichen Zucker mit dem Kakao zugeben. Ein Backblech mit Backtrennpapier belegen. Die Masse in einen Spritzbeutel füllen und kleine Halbkugeln auf das Blech setzen. Im Backofen bei 80° C eine reichliche Stunde trocknen lassen.

Für die Füllung die Sahne erhitzen. Die Hälfte der Kuvertüre zerkleinert zur Sahne geben. Im heißen Wasserbad schmelzen lassen. Anschließend kühl stellen. Mit dem Handrührgerät schaumig schlagen und mit einem Messer die Füllung auf die flache Seite des Gebäcks streichen. Eine zweite Hälfte daraufsetzen und leicht andrücken. Eine Stunde kalt stellen. Die restliche Kuvertüre im heißen Wasserbad auflösen. Kalt stellen, bis sie dickflüssig ist. Nochmals leicht erwärmen. Jeweils eine Hälfte des Gebäcks in die Kuvertüre tauchen, abtropfen lassen und in die Mandeln drücken.

Die Meißner Bäckergilde hat nicht nur dieses luftige Backwerk erfunden. Ein noch viel zerbrechlicheres Backwerk, die Meißner Fummel, thront in doppelter Ausführung im winzigkleinen Schaufenster der Konditorei Fiedler. Man soll sie unbeschadet nach Hause bringen – so steht es daneben geschrieben. Kunststück. Bei dem Holperpflaster … Spitze Absätze sind gefährlich beim Fummeltransport! Aber der Kopf bleibt dran, wenn sie dennoch zerbricht. Da war es zu des starken August Zeiten anders. Hier konnte sie leicht zur Henkersmahlzeit werden. Denn die königliche Hoheit hatte das Backwerk extra für seine weintrunkenen, unpünktlichen Kuriere anfertigen lassen. Hoch zu Roß mußten sie es immer bei sich tragen und bei der Ankunft unbeschadet vorzeigen.

Solche hinterlistigen Fallstricke legten frühere Majestäten gar zu gerne aus. Heute kann man die Fummel nur in Meißen kosten, denn das Rezept wurde streng gehütet.

37. Süße Röllchen

Für den Teig:
125 g weiche Butter, 50 g Zucker,
50 g Akazienblütenhonig, 100 g Mehl,
½ TL gemahlener Ingwer, 2 EL Rum,
1 EL Zitronensaft

Für die Füllung:
⅜ Liter Schlagsahne, 1 EL Zucker,
2 EL Weinbrand

Außerdem:
Butter für das Backblech

Die Butter zerlassen, Zucker und Honig zugeben und so lange auf kleiner Flamme rühren, bis sich der Zucker aufgelöst hat. Auskühlen lassen. Das Mehl sieben und nach und nach einrühren. Ingwer, Weinbrand und Zitronensaft zugeben.
Ein Backblech ausbuttern. Mit einem Teelöffel im Abstand von 10 cm kleine Häufchen daraufgeben. Im vorgeheizten Backofen bei 200° C 8 bis 10 Minuten backen. Noch warm vom Blech nehmen, um den Griff eines eingebutterten Kochlöffels wickeln, abstreifen und auf ein Kuchengitter setzen. Vor dem Servieren die Schlagsahne steif schlagen, Zucker und Weinbrand untermischen und die Röllchen damit füllen.

Im sächs'schen Märchen »Schneewittchen«, aufgeschrieben von der Nationaldichterin Lene Voigt, durften die sieben Zwerge sich an diesen Röllchen sattessen. Denn der Prinz, der Schneewittchen wachgeküßt hat, versprach: » ›Uff unsrer Hochzeit schtreitr alle Bliemchen un jeder därf so viel Sahnerolln nunterwärchen, wie'r will.‹ – ›Is gemacht‹, brillten de Zwärche un danzten vor Freide Scharlsten.«

38. Quarkbrezeln

Für den Teig:
175 g weiche Butter, 50 g Zucker,
1 Päckchen Vanillezucker,
1 Prise Salz, 3 Eier,
250 g trockener Quark,
400 g Mehl,
1 Päckchen Backpulver,
125 g gehackte Mandeln,
Butter für das Backblech

Butter, Zucker, Vanillezucker, Salz und 2 Eier schaumig schlagen. Den passierten Quark einarbeiten. Das Mehl mit dem Backpulver vermischen und dazu sieben.

Alles gut verkneten und Brezeln formen. Das Ei verschlagen, die Brezeln damit bestreichen und die gehackten Mandeln darauf streuen und etwas andrücken. Ein Backblech ausbuttern, die Brezeln daraufsetzen und bei 200° C 15 bis 20 Minuten backen.

39. Reformationsbrötchen

Für den Teig:
500 g Mehl,
40 g Hefe,
50 g Zucker,
¼ Liter Milch,
50 g Butter,
1 kräftige Prise Salz,
100 g gehackte Mandeln,
100 g Korinthen,
1 TL abgeriebene, unbehandelte Zitronenschale,
1 EL gehacktes Zitronat,
200 g Konfitüre (Erdbeere, Himbeere, Johannisbeere, Aprikose),
80 g Mandelsplitter,
Puderzucker nach Belieben

Das Mehl in eine Schüssel sieben und in die Mitte eine Vertiefung drücken. Die Hefe mit dem Zucker und etwas lauwarmer Milch verrühren, in die Vertiefung gießen und ½ cm dick mit Mehl bestreuen. Butter, Salz, Mandeln, Korinthen, Zitronenschale und Zitronat auf dem Mehlrand verteilen. Sobald das auf die Hefe gestreute Mehl rissig wird, von der Mitte aus die Hefe mit dem Mehl und den übrigen Zutaten vermengen. Dabei die restliche Milch zugeben. Es muß ein weicher Teig entstehen. Den Teig 1 Stunde gehen lassen, er muß doppelt so hoch werden. Danach zusammenstoßen, gut durchkneten und ausrollen. Vierecke von etwa 12 cm Durchmesser ausrädeln oder ausschneiden und die Ecken zur Mitte hin einschlagen und zwar so, daß die Zipfel aneinanderstoßen. In die Mitte je 1 Eßlöffel Konfitüre verteilen und Mandelsplitter daraufsetzen. Nochmals 20 Minuten gehen lassen. Im vorgeheizten Backofen bei 220° C etwa 20 Minuten goldbraun backen. Nach Belieben mit Puderzucker besieben oder glasieren.

An den geschichtsträchtigen 31. Oktober 1517, an dem Martin Luther seine 95 Thesen an die Schloßkirche zu Wittenberg schlug, erinnert in Sachsen ein Festtagsbrötchen. Die einst so braven Reformationsbrötchen wurden im Laufe der Jahrhunderte immer mehr verfeinert. Zuckerbäcker und Hausfrauen dachten sich unentwegt neue Raffinessen aus. So kommt es, daß die Brötchen obenauf unterschiedlich aussehen: In ihrer Mitte verlocken leuchtende Früchte, Rosinen oder köstliche Konfitüren zum Reinbeißen. Sie präsentieren sich aber auch rund wie ein Brötchen – mit Zuckerglasur und interessantem Innenleben.

BEKOMMS!

40. Zittauer Sonntagsbrötchen

Für den Teig:
300 g Mehl,
2 gestrichene TL Backpulver,
250 g trockener Quark, 50 g Zucker,
2 Eier, 1/2 TL abgeriebene, unbehandelte Zitronenschale, 1 Prise Salz,
100 g Korinthen,
Butter für das Backblech

Mehl und Backpulver vermischen und in eine Schüssel sieben. In die Mitte eine Vertiefung drücken. Den durchgedrückten Quark, Zucker, 1 Ei, Zitronenschale und Salz hineingeben. Alles zu einem glatten Teig verkneten. Zuletzt die Korinthen zufügen. Brötchen formen. Ein Backblech ausbuttern, die Brötchen daraufsetzen. Das Ei verquirlen, die Brötchen damit bestreichen. Im vorgeheizten Backofen bei 200° C etwa 30 Minuten backen.

41. Oberlausitzer Patensemmel

Für den Teig:
500 g Mehl, 30 g Hefe,
1/4 Liter lauwarme Milch,
4 EL Zucker, 80 g Butter,
1 Päckchen Vanillezucker,
1 kräftige Prise Salz,
2 geriebene bittere Mandeln,
125 g gemahlener Mohn,
Butter für das Backblech

Außerdem:
2 EL süße Sahne, 100 g ungemahlener Mohn zum Bestreuen

Das Mehl in eine Schüssel sieben und in die Mitte eine Vertiefung drücken. Die Hefe in etwas lauwarmer Milch und 1 Teelöffel Zucker verquirlen und in die Vertiefung gießen. Etwas Mehl darüber stäuben. Den restlichen Zucker, die Butter in Flöckchen, Salz, Mandeln und Mohn auf dem Mehlrand verteilen. Zugedeckt an einem warmen Platz 30 Minuten gehen lassen. Von der Mitte aus die Zutaten gut verkneten. Zugedeckt eine weitere Stunde gehen lassen. Den Teig auf bemehlter Fläche 1/2 cm dick ausrollen. 2 cm breite Streifen schneiden und daraus 20 cm lange Zöpfe flechten. Das Backblech ausbuttern, die Zöpfe daraufsetzen, mit Sahne bestreichen und reichlich mit Mohn bestreuen. Im vorgeheizten Backofen bei 200° C etwa 40 Minuten backen.

Jedes Patenkind muß mindestens einmal jährlich solch eine Semmel bekommen – sonst gedeiht es nicht!

42. Glücksbringer: Oberlausitzer Neujährchen

Tip: Dieses Gebäck ist ein beliebtes Neujahrsgeschenk in der Oberlausitz. Damit es gut durchziehen kann, sollte es einige Tage vorher zubereitet werden.

Für den Teig:
500 g Honig, 250 g Zucker,
250 g Butter,
1 kg Mehl,
2 EL Kakao,
½ TL Zimt,
10 g Kardamom,
2 Eier,
10 g Pottasche,
Butter für das Backblech

Außerdem:
200 g Puderzucker, 1 Eiweiß,
Gemüsesäfte:
Spinat, Mohrrüben, Rote Bete,
bunte Zuckerstreusel

Den Honig mit dem Zucker in einen Topf geben und erhitzen. Auskühlen lassen. Die Butter unterrühren. Das Mehl mit Kakao, Zimt und Kardamom vermischen, die ausgekühlte Honigmasse, Eier und die in wenig Wasser verrührte Pottasche zufügen. Alles zu einem glatten Teig verarbeiten und 2 Stunden in den Kühlschrank stellen. Danach den Teig ½ cm dick ausrollen und Figuren ausstechen: Männlein, Weiblein, Tiere.
Ein Backblech ausbuttern und die Figuren darauflegen. Im vorgeheizten Backofen bei 200° C etwa 20 Minuten backen. Sobald die Pfefferkuchenfiguren erkaltet sind, können sie »angekleidet« werden. Für die »Kleider« wird Puderzucker mit Eiweiß verrührt und mit Gemüsesäften gefärbt. Zuletzt bunte Zuckerstreusel aufstreuen.

43. Plauener Haferflockentaler

Für den Teig:
100 g Haferflocken,
250 g Mehl,
1 gestrichener TL Backpulver,
125 g Zucker,
150 g Butter,
8 EL Kaffeesahne

Für den Guß:
150 g Puderzucker,
4 EL Zitronensaft,
bunter Streuzucker

Die Haferflocken in einer Pfanne goldgelb rösten und auskühlen lassen. Das Mehl in eine Schüssel sieben und mit dem Backpulver und den gerösteten Haferflocken vermischen. Zucker, Butter in Flöckchen und Kaffeesahne dazugeben und alles miteinander verkneten. Den Teig eine Stunde in den Kühlschrank stellen. Danach auf einer bemehlten Fläche dünn ausrollen und mit einem Likörglas Taler ausstechen. Das Backblech mit Backpapier auslegen und die Taler daraufsetzen. Im vorgeheizten Backofen bei 200° C 10 bis 15 Minuten backen.
Für den Guß den Puderzucker mit dem Zitronensaft glattrühren und die ausgekühlten Haferflockentaler damit überziehen. Mit Streuzucker oder bunten Zuckerperlen verzieren. – Ein vor allem bei Kindern beliebtes Knuspergebäck.

44. Leipziger Lerchen

Für den Teig:
250 g Mehl, 1 Ei,
1 kräftige Prise Salz,
1 TL Weinbrand, 70 g Zucker,
125 g Butter

Für die Füllung:
125 g Butter, 150 g Puderzucker,
1 Eigelb, 150 g geriebene Mandeln,
darunter 4 bittere, 75 g Mehl,
1 EL Stärkemehl, 4 Eiweiß,
250 g Aprikosenkonfitüre,
Butter für die Tortenförmchen

Das Mehl in eine Schüssel sieben und in die Mitte eine Vertiefung drücken. Ei, Salz und Weinbrand hineingeben, den Zucker darüberstreuen. Die Butter in Flöckchen dazugeben und alles zu einem glatten Teig verarbeiten. 30 Minuten in den Kühlschrank stellen.
Inzwischen die Füllung bereiten. Dafür die Butter in einer Schüssel schaumig schlagen und nach und nach Puderzukker, Eigelb, Mandeln, Mehl und Stärkemehl unterrühren. Das Eiweiß zu Schnee schlagen und vorsichtig unterheben.
Lerchenförmchen oder andere runde Förmchen von 6 cm Durchmesser ausbuttern. Den Teig ½ cm dick ausrollen und die Tortenförmchen damit auslegen. Einen Teigrest beiseite legen. Mit einer Gabel mehrmals in den Teig einstechen, damit er keine Blasen wirft. Konfitüre daraufstreichen und darüber einen Teil der Mandelmasse geben. Obenauf über Kreuz jeweils zwei Teigstreifen legen. Im vorgeheizten Backofen bei 175° C etwa 20 Minuten backen. Dann die Törtchen stürzen und sofort umdrehen.

45. Zedernbrot

Für den Teig:
6 Eiweiß, 1 kräftige Prise Salz,
600 g Puderzucker,
1 TL abgeriebene, unbehandelte Zitronenschale,
1 EL Zitronensaft,
500 g geriebene Mandeln

Außerdem:
200 g Puderzucker, 3 EL Zitronensaft

Das Eiweiß mit dem Salz zu steifem Schnee schlagen. Zwei Drittel des Puderzuckers sieben und vorsichtig untermischen. Zitronenschale, Zitronensaft und die geriebenen Mandeln zufügen. Den Teig über Nacht kühl stellen. Mit nassen Händen kleine Brote formen, etwas flachdrücken. Ein Backblech mit Backpapier auslegen, die Brote daraufsetzen und im vorgeheizten Backofen bei 80° C etwa 40 Minuten mehr trocknen als backen lassen. Das Gebäck soll weiß bleiben.
Für den Guß den Puderzucker mit dem Zitronensaft glattrühren und die abgekühlten Brote damit bestreichen.

46. Festtagsschnecken

Für den Teig:
500 g Mehl, 1/8 Liter Milch,
1 Päckchen Vanillezucker,
1 Vanilleschote, 40 g Hefe,
2 EL Butter, 1 Ei, 175 g Zucker,
1 TL abgeriebene, unbehandelte Zitronenschale,
1 kräftige Prise Salz,
Mehl zum Ausrollen,
Butter für das Backblech

Für die Füllung:
100 g geröstete Mandelblättchen,
100 g gehackte Nüsse, 75 g Zitronat
100 g Rosinen

Für den Guß:
200 g Puderzucker, 4 EL Zitronensaft

Das Mehl in eine Schüssel sieben und in die Mitte eine Vertiefung drücken. Die Milch mit dem Vanillezucker und Vanillemark leicht erwärmen. Darin die zerbröckelte Hefe verquirlen. Die Hefemilch in die Vertiefung gießen und mit etwas Mehl einen Vorteig bereiten. Zugedeckt 30 Minuten gehen lassen. Zucker, die Butter in Flöckchen, Ei, Zitronenschale und Salz auf den Mehlrand geben und alle Zutaten von der Mitte her zu einem glatten Teig verarbeiten. Nochmals zugedeckt 1 Stunde gehen lassen. Zusammenstoßen und kurz durchkneten. Auf einer bemehlten Fläche 1 cm dick zu einem Quadrat ausrollen. Mandelblättchen, Nüsse, kleingeschnittenes Zitronat und Rosinen auf dem Teig verteilen und etwas andrücken. Den Teig so eng wie möglich aufrollen und in 1,5 cm dicke Scheiben schneiden. Das Backblech ausbuttern, die Schnecken daraufsetzen und flachdrücken. Im vorgeheizten Backofen etwa 25 Minuten bei 200° C backen. Herausnehmen und etwas auskühlen lassen. Puderzucker mit dem Zitronensaft glattrühren und die Schnekken damit glasieren.

47. Vogtländische Zuckermännle (Weihnachtsbaumbehang)

Für den Teig:
500 g Mehl,
2 gestrichene TL Backpulver,
150 g Zucker,
1 Päckchen Vanillezucker,
2 Eier,
250 g Butter

Zum Verzieren:
Eigelb, Kaffeesahne,
gehackte Mandeln,
Streuzucker, Zuckerperlen,
Puderzuckerguß

Das Mehl mit dem Backpulver vermischen und in eine Schüssel sieben. In die Mitte eine Vertiefung drücken. Zucker, Vanillezucker und Eier in die Vertiefung geben und mit einem Teil des Mehls zu einem dicken Brei verarbeiten. Darauf die in Stücke geschnittene kalte Butter geben und mit Mehl bedecken. Von der Mitte aus alle Zutaten zu einem glatten Teig verkneten. Sollte er kleben, eine Stunde in den Kühlschrank stellen. Den Teig dünn ausrollen und Männlein und Weiblein ausschneiden und bunt ankleiden. Die Figuren können mit verquirltem Eigelb bestrichen und mit buntem Zucker und gehackten Mandeln bestreut werden. Die Backzeit beträgt bei 180° C nur 8 bis 10 Minuten.

Die Figuren können nach dem Backen mit einen Zuckerguß aus Puderzucker, der mit Rote-Bete-Saft oder Spinatsaft gefärbt wurde, phantasievoll verziert werden, darauf gibt man Hagelzucker und Zuckerperlen. Immer nach der Devise: je bunter, desto schöner.

48. Würziges Tannenbaumkonfekt aus der Oberlausitz

Für den Teig:
250 g Zucker,
1 Päckchen Vanillezucker,
1 kräftige Prise Salz,
5 g Hirschhornsalz, 1/8 Liter Milch,
500 g Mehl, 1/2 Päckchen Backpulver,
2 g gemahlene Nelken

Außerdem:
150 g Puderzucker, 2 EL Kakao,
30 g Butter

Zucker, Vanillezucker, Salz und Hirschhornsalz in der Milch verrühren, bis sich alles aufgelöst hat. Das Mehl mit dem Backpulver vermischen, sieben und einarbeiten. Zuletzt in den glatten Teig das Nelkenpulver einkneten. Den Teig 2 Stunden kühl stellen. Auf bemehlter Fläche 2 bis 3 mm dick ausrollen und Figuren ausstechen. Im vorgeheizten Backofen bei 225° C 10 bis 12 Minuten backen. Auskühlen lassen.

Für die Schokoladenglasur Puderzucker und Kakao vermischen, 1 Eßlöffel heißes Wasser und die zerlassene Butter unterrühren. Nach Belieben mit Zuckerperlen, Mandeln, Streuzucker verzieren.

49. Saure-Sahne-Plätzchen

Für den Teig:
200 g weiche Butter,
125 g Zucker,
300 g Mehl,
1/4 Liter saure Sahne, 4 Eigelb,
Butter für das Backblech

Die Butter in eine Schüssel geben und mit Zucker und Mehl verrühren. Saure Sahne und 3 Eigelb untermengen. Den Teig eine Stunde kalt stellen. Ausrollen und Kreise, Herzen und Monde ausstechen. Mit dem restlichen Eigelb bepinseln. Ein Backblech ausbuttern, die Plätzchen daraufsetzen. Im vorgeheizten Backofen bei 200° C etwa 8 bis 10 Minuten backen.

Fettgebackenes

schön heiß zum Bohnenkaffee

50. Vogtländische Schneeballen

Für den Teig:
50 g Butter,
1 kräftige Prise Salz,
1 Päckchen Vanillezucker,
150 g Mehl, 50 g Stärkemehl,
4 Eier, 3 EL Korinthen,
1 gestrichener TL Backpulver,
Öl oder Kokosfett zum Fritieren

Butter und 1/4 Liter Wasser zum Kochen bringen, Salz und Vanillezucker zufügen. Vom Herd nehmen. Das Mehl mit dem Stärkemehl vermischen, sieben und auf einmal in die Flüssigkeit geben. Einen glatten Kloß rühren und noch etwa 1 Minute unter Rühren erhitzen. Den Kloß in eine Schüssel geben und die Eier einzeln unterarbeiten. Die Korinthen waschen, trockentupfen und untermischen. Zuletzt das Backpulver in den ausgekühlten Teig einarbeiten. Mit 2 Teelöffeln kleine Teigklößchen abstechen und im Fettbad bei 170° C goldgelb ausbacken.

51. Leipziger Ringelschwänzchen

Für den Teig:
50 g weiche Butter, 100 g Zucker
1 kräftige Prise Salz, 2 Eier
6 EL Weißwein (Riesling)
300 g Mehl,
1 TL gemahlener Ingwer

Die Butter mit dem Zucker, Salz und Ei verschlagen, den Weißwein zugeben. Mehl und Ingwer einrühren und alles zu einem glatten Teig verarbeiten. Den Teig auf einer bemehlten Fläche ausrollen und Stücke von 2 cm Breite und 12 cm Länge schneiden.
Das Butterschmalz erhitzen. Jeden Teigstreifen über einen Quirlstiel drehen und sofort in das erhitzte Schmalz streifen. Goldbraun ausbacken. Herausnehmen, abtropfen lassen und anschließend dick mit Puderzucker besieben.

Tip: Fettgebackenes schmeckt ganz frisch am besten.

52. Leipziger Räbchen

Für den Teig:
1/4 Liter Bier, 1 EL Öl, 30 g Zucker, 250 g Mehl, 2 Eiweiß

Für die Füllung:
150 g geriebene Mandeln, 2 EL Zucker, 50 g weiche Butter, 50 g Rosinen, 50 g kleingeschnittenes Orangeat, 2 EL Rum

Außerdem:
1 kg Pflaumen, Zimtzucker, Puderzucker zum Bestreuen, Schlagsahne

Für den Teig: Zum Bier das Öl und den Zucker geben, verquirlen und nach und nach das gesiebte Mehl einrühren. Der Teig muß zähflüssig sein. Das Eiweiß zu steifem Schnee schlagen und unterheben. Für die Füllung die Mandeln mit Zucker, Butter, Rosinen, Orangeat und Rum vermischen. Die Pflaumen waschen, etwas einritzen, entsteinen und mit der Marzipanmasse füllen. In den Teig tauchen und in erhitztem Öl schwimmend goldgelb ausbacken. Herausnehmen und sofort in Zimtzucker wälzen. Auf vorgewärmten Tellern anrichten, mit Puderzucker besieben und mit Schlagsahne zu Tisch bringen.

Tip: Man kann die Pflaumen – viele Leipziger mögen sie nur so – vor dem Füllen in Pflaumenschnaps einlegen.

53. Ringtaler

Für den Teig:
8 große Äpfel,
100 g Zucker,
4 EL Zitronensaft,
175 g Mehl,
3 EL Stärkemehl,
2 EL weiche Butter,
1 kräftige Prise Salz, 2 Eigelb,
1/4 Liter Milch, 6 EL Kaffeesahne,
2 Eiweiß,
Butterschmalz zum Ausbacken,
Zimtzucker,
1/4 Liter geschlagene, gesüßte Schlagsahne

Das Kerngehäuse mit dem Apfelausstecher entfernen. Die Äpfel schälen und in 1 cm dicke Ringe schneiden. Mit 2 Eßlöffel Zucker bestreuen und mit Zitronensaft beträufeln. Mehl, Stärkemehl, Butter, Salz, Eigelb, restlichen Zucker, Milch und Kaffeesahne zu einem dickflüssigen Brei verrühren und 15 Minuten quellen lassen. Eiweiß zu Schnee schlagen und unter den Teig heben. Die Apfelringe durch den Teig ziehen und in erhitztem Butterschmalz auf beiden Seiten goldbraun ausbacken. Heiß mit Zimtzucker bestreut servieren. Schlagsahne dazu reichen.

Damit sich die Apfelringe nicht bräunlich verfärben, beträufelt man sie mit etwas Zitronensaft

MEHL

In den heißen Filterkaffee die Zimtstange und den Zucker geben. Den Kaffee warm stellen. Die Sahne steif schlagen. Den Weinbrand in 4 Gläsern verteilen und den heißen Kaffee darübergießen. Auf jedes Glas einen Sahneklecks setzen und mit Orangenschale und Schokoladenstreuseln verzieren.

Der Kaffeebaum ist Sachsens erstes Kaffeehaus. Seit 1694 holt man sich hier Stärkung – aber nicht nur beim Schälchen Heeßen –, sondern auch bei Bier und Wein. Sachsens starker König August soll hier sein erstes Däppchen Bohngaffee getrunken haben und der hübschen Wirtin, weil sie ihn so herzlich empfing – vielleicht auch gab es noch mehr Grund, ihr dankbar zu sein? – die Portalplastik aus Sandstein spendiert haben. Die Plastik zeigt einen zufriedenen Türken unter einem blühenden Kaffeebaum – natürlich sind auch Kaffeekanne und ein Schälchen vom edlen Türkentrunk im Bild.

62. Schokoladenkaffee und Rosenlikör

Für den Rosenlikör:
200 g stark duftende Rosenblütenblätter,
150 g Zucker,
3/8 Liter Korn, 5 cl Weinbrand

Von den frischgepflückten Rosenblütenblättern die bitteren Stielansätze entfernen. Die Blätter in eine Porzellanschüssel geben und mit 1/4 Liter kochendem Wasser übergießen. Sie müssen knapp bedeckt sein. Zugedeckt 12 Stunden ziehen lassen. Das Rosenwasser in einen Topf seihen und den Zucker zufügen. Unter ständigem Rühren erhitzen, den Topf vom Feuer nehmen. Erkalten lassen. Korn und Weinbrand einrühren. Den Likör in Flaschen füllen und gut verschlossen 4 Wochen kühl und trocken lagern.

Für den Schokoladenkaffee à la Richter:
100 g bittere Schokolade,
1/4 Liter Schlagsahne,
4 Tassen starker schwarzer Filterkaffee, 4 TL Zucker

Die Schokolade zerkleinern und in 1/8 Liter Schlagsahne erhitzen. So lange rühren, bis sich die Schokolade aufgelöst hat. Heißen Kaffee angießen. In 4 vorgewärmte Tassen jeweils 1 TL Zucker geben, den Kaffee aufgießen. Die restliche Sahne steif schlagen. Auf jede Tasse ein Sahnehäubchen setzen. Dieser Kaffee ist nur komplett, wenn er mit Rosenlikör kredenzt wird. Dazu werden Mokkapralinen (Rezept S. 38) genascht.

Schokoladenkaffee mit Rosenlikör – eine sächsische Spezialität

1879
Original

63. Türkentrunk

½ TL kleingeschnittener kandierter Ingwer, 4 EL gemahlener Bohnenkaffee, 2 EL Honig

<u>Außerdem:</u>
⅛ Liter Schlagsahne, Schokoladenstreusel

Den Ingwer in ½ Liter Wasser zum Kochen bringen und 3 Minuten köcheln lassen. Durch ein Sieb gießen. Aus dem Ingwerwasser und dem gemahlenen Kaffee einen Filterkaffee bereiten. Den Honig einrühren. In vorgewärmte Kaffeetassen füllen. Die Sahne steif schlagen, Sahnehäubchen auf den Kaffee setzen und Schokoladenstreusel darüber geben.

64. Teufelskaffee à la Schrepfer

2 Zimtstangen,
1 Liter frisch gebrühter Filterkaffee,
8 Stück Würfelzucker, 4 EL Weinbrand,
4 EL gemahlener Bohnenkaffee

Die Zimtstangen in ¾ Liter Wasser 5 Minuten köcheln. Herausnehmen. Aus dem Zimtwasser und gemahlenem Kaffee einen Filterkaffee bereiten und in 4 Kaffeetassen verteilen. Für jede Tasse auf einen vorgewärmten Eßlöffel 2 Stück Würfelzucker legen, mit Weinbrand übergießen und anzünden. Nach dem Erlöschen der Flamme in den Kaffee einrühren.

Weitaus berühmter als der Kaffee waren Schrepfers Grusel-Feten. Er hatte die seltene »Gabe«, die Geister Verstorbener in die Kaffee- und Weinstube zu rufen. Punkt vierundzwanzig Uhr ging's los. Das urplötzliche Poltern, Zischen, Stampfen, Stöhnen, Wimmern ging den Gästen durch Mark und Pfennige. Manch einer fiel vor Schreck in Ohnmacht, denn auch das Kerzenlicht erlosch im kühlen Windzug. Die Gewänder der Gespenster schlugen den Gästen um die Ohren. Der nächtliche Auftritt bot Unterhaltung und füllte Schrepfers Kasse. Dennoch konnte er schlecht wirtschaften, hatte einen Haufen Schulden und gab sich selbst den »Gnadenschuß« – im Leipziger Rosenthal. Auch das geschah geheimnisvoll:
Er forderte seine Gäste auf, ihm zu folgen und geduldig zu warten, denn es geschähe Außergewöhnliches ... Die saßen im November bibbernd hinter den Büschen. Der Morgen graute. Schrepfer würde doch sein Versprechen halten? Er hielt es: Peng. Da lag er – ihr Gespensterbeschwörer.
Wenige Tage später sickerte durch: Lockere Dielenbretter unter dem großen Wirtshaustisch machten es möglich, daß angemietete, leidlich bezahlte Gaukler ins Zimmer schlupfen konnten. Ihr Gruselspiel hatte nun auch ein Ende.

Pikantes

zu Wein, Bier und Gose

65. Oberlausitzer Abernkuchn
(Kartoffelkuchen)

1 kg Kartoffeln,
4 Eier,
2 EL Stärkemehl,
1/8 Liter Milch,
50 g weiche Butter,
4 EL zerlassene Speckwürfel,
Salz,
Butter für die Backform

Die Kartoffeln in der Schale kochen, pellen und durch die Kartoffelpresse geben oder gut zerstampfen. Eier, Stärkemehl, Milch, Butter, ausgekühlte Speckwürfel und Salz einarbeiten. Eine Springform oder kleine Kuchenförmchen ausbuttern, die Masse einfüllen und im vorgeheizten Backofen bei 200° C 15 bis 20 Minuten goldbraun backen. Komplett wird das Ganze, wenn Sauerkrautsalat dazu gereicht wird.

66. Fettbemmen

4 Scheiben Schwarzbrot

Für das Fett:
250 g Speck, 250 g Zwiebeln,
500 g Schweinefett, 1 Apfel,
1 TL feingerebelter Majoran, 1/2 TL Pfeffer

Den Speck in kleine Würfel schneiden und ausbraten. Die Zwiebeln schälen, kleinschneiden, zu den Speckwürfeln geben und goldgelb braten. Das Schweinefett grob zerkleinern und zufügen. Den Apfel schälen, in Viertel teilen und in kleine Würfel schneiden. Dabei das Kerngehäuse entfernen. Apfelwürfel ins siedendheiße Fett geben. Nach 3 Minuten vom Feuer nehmen und etwas auskühlen lassen. Majoran und Pfeffer unterrühren. Das Fett in einen Steinguttopf füllen und erstarren lassen. Dabei hin und wieder umrühren, damit sich die Grieben gut verteilen. Die Brotscheiben mit dem Fett bestreichen und salzen. Dazu Gewürzgurken und Tomatenviertel reichen.

67. Kümmelstangen

250 g Mehl, 250 g Butter, knapp 1/8 Liter Milch, Salz, 1 Ei, Kümmel

Das Mehl in eine Schüssel sieben und in die Mitte eine Vertiefung drücken. Kalte Butter in Stückchen, Salz und Milch hineingeben. Von der Mitte aus die Zutaten rasch vermengen und einen Teig bereiten. 1 Stunde kühl stellen. Den Teig auf einer bemehlten Fläche ausrollen, Streifen schneiden, spiralförmig drehen (das eine Ende nach rechts, das andere nach links). Ein Backblech ausbuttern, die Stangen darauflegen, mit verquirlten Ei bestreichen und mit Salz und Kümmel bestreuen. Im vorgeheizten Backofen bei 200° C etwa 12 bis 15 Minuten backen.

Variante: In Leipzig lobte man sich Kümmelbrezeln zum Bier. Dafür formt man aus dem Teig bleistiftstarke Röllchen von 15 cm Länge und formt sie zur Brezel. Drückt sie in Salz und Kümmel und bestreicht sie mit Eigelb. Die Oberlausitzer bevorzugen anstelle von Kümmel Mohn.

68. Käseplätzchen der Witwe Schwennicke

300 g Mehl, 1/2 Päckchen Backpulver, 150 g Butter, 1/2 TL Salz, 3 Eier, 150 g geriebener Käse

Das Mehl mit dem Backpulver vermischen und in eine Schüssel sieben. Die Butter in Flöckchen, Salz und 1 Ei dazugeben. Alles miteinander verkneten und eine Stunde in den Kühlschrank stellen. Den Teig auf einer bemehlten Fläche ausrollen und mit einem Glas Plätzchen ausstechen. Ein Backblech ausbuttern und die Plätzchen daraufsetzen. Mit verquirltem Ei bestreichen und mit geriebenem Käse bestreuen. Im vorgeheizten Backofen bei 200° C etwa 10 Minuten.

In Witwe Schwennickes Kolonialwarenladen im Leipziger Barfußgäßchen mit den hübschen Rundbogenfenstern, wo jedesmal, wenn sich die Ladentür öffnete und die Klingel Kundschaft ankündigte, oberhalb die Spitzenvolants flatterten, gab es immer leckere Dinge: köstliche, ofenwarme Gemüsetorten, mit Sahne gefüllte Streusel- und Nußkuchen. Dem verführerischen Duft ihrer Käseplätzchen konnte sich keiner entziehen. Und weil ihre Preise manierlich waren, gehörte vor allem die Studentenschaft zu ihrer Kundschaft. Die wollten selten die Ware eingepackt haben, so hungrig kamen sie daher. Sie bekamen die frischen Backwaren gleich so – in die Hand. Für besonders Ausgehungerte und Abgemagerte hatte Witwe Schwennicke auch mal ein Stück extra. Und von den Käseplätzchen reichte sie generös rasch mal eins rüber (war doch eine prima Reklame – oder?).

Candis

69. Speckkuchen

Für den Teig:
500 g Mehl,
30 g Hefe, 1/4 Liter Milch,
50 g weiches Butterschmalz,
1/2 TL Salz, 1 Ei,
Butter für das Backblech

Außerdem:
500 g Speck, 50 g Butterschmalz,
1/8 Liter saure Sahne, Salz,
4 Eier, 1 EL Stärkemehl,
2 EL Kümmel

Das Mehl in eine Schüssel sieben und in die Mitte eine Vertiefung drücken. Die zerbröckelte Hefe in etwas lauwarmer Milch verquirlen und hineingießen. Mit etwas Mehl bestäuben. Butter in Flöckchen und das Salz auf dem Mehlrand verteilen. Zugedeckt 30 Minuten gehen lassen. Von der Mitte aus die Zutaten miteinander verkneten, dabei das Ei und die restliche Milch zugeben. Zugedeckt 1 Stunde gehen lassen.
Den Speck in kleine Würfel schneiden und im Butterschmalz glasig braten. Saure Sahne, Eier, 1/2 TL Salz und Stärkemehl verrühren und im heißen Wasserbad so lange schlagen, bis die Masse dicklich wird. Den Teig zusammenstoßen und nochmals durchkneten. Auf einer bemehlten Fläche ausrollen und auf ein ausgebuttertes Backblech legen. Einen Rand andrücken. Abgetropfte Speckwürfel auf den Teig geben, den Kümmel aufstreuen und die Sahne-Ei-Mischung darauf verteilen. Im vorgeheizten Backofen bei 200° C etwa 40 Minuten backen. Herausnehmen, in Stücke schneiden und sofort servieren.

Bäckermeister Kempfe in der Leipziger Peterstraße war berühmt für seine knusprigen, gutbelegten, würzigen Speckkuchen. Um seine Riesensemmeln, seinen gefüllten Bienenstich und Streuselkuchen, sein Plundergebäck – alles hatte mit dem handelsüblichen Backwerk, das HO oder Konsum anboten, so wenig gemeinsam wie Wasser und Wein – zu kaufen, reiste man von weither an. Der Laden schloß plötzlich und unerwartet (aus technischen Gründen, so sagte man) Ende der siebziger Jahre. Den Verlust dieser vorzüglichen Bäckerei haben die Leipziger bis heute nicht verwunden.

Auch mit Zwiebeln belegt ist der Speckkuchen in manchen sächsischen Gegenden beliebt. Wer es nicht so fettig mag, verwendet möglichst mageren Speck.

70. Gebackene Kläss nach Remtengrüner Art

Für den Teig:
800 g rohe Kartoffeln,
400 g gekochte, gepellte Kartoffeln,
Salz, 1/4 Liter Buttermilch,
Öl zum Ausbacken

Für die Füllung:
Schinken- oder Bratenscheiben,
Ragout fin oder Sauerkraut oder
gebratene Waldpilze

Außerdem:
4 EL ausgelassene, knusprige
Speckwürfel,
4 EL Crème fraîche,
4 EL gehackte Kräuter (Petersilie,
Schnittlauch, Dill, Brunnenkresse)

Die rohen Kartoffeln schälen und fein reiben. Die Kartoffelmasse etwas ausdrükken. Die gekochten Kartoffeln durch die Kartoffelpresse drücken und dazugeben. Salz und Buttermilch zufügen und einen dicklichen, nicht zu festen Teig bereiten. In einem kleinen Pfännchen Öl erhitzen und soviel Teig einfüllen, daß das Backwerk die Größe eines Handtellers erreicht. Auf beiden Seiten goldgelb und knusprig braten. Jeweils 2 »gebackene Kläss« mit Fleisch oder Gemüse füllen und über jeder Portion 1 Eßlöffel heiße, knusprige Speckwürfel verteilen. Mit Crème fraîche und frischen Kräutern garnieren.

71. Porreetorte

Für den Teig:
250 g Mehl,
100 g Butter oder Margarine,
1 TL Salz,
1 kg Porree,
200 g Schinkenspeckwürfel,
3/4 Liter Schlagsahne, 4 Eier,
frisch gemahlener Pfeffer,
2 EL geriebener Käse,
Butter für die Springform

Das Mehl in eine Schüssel sieben. Die Butter in Flöckchen, Salz und 1/8 Liter Wasser zugeben und einen glatten Teig bereiten. 1 Stunde in den Kühlschrank stellen. Den Porree in 1 cm breite Ringe schneiden, waschen, abtropfen lassen und in Salzwasser zum Kochen bringen. 5 Minuten köcheln lassen. Herausnehmen und abtropfen lassen. Die Speckwürfel ausbraten.
Die Sahne mit den Eiern, einer kräftigen Prise Salz und Pfeffer und dem geriebenen Käse verquirlen. Den Teig in eine ausgebutterte Springform füllen und einen Rand hochziehen. Den Porree auf dem Teig verteilen, die Speckwürfel und die Sahne darüber geben. Im vorgeheizten Backofen bei 200° C etwa 40 Minuten backen.

Rezeptverzeichnis

Rezepte nach Sachgruppen

Fettgebackenes

Kaffee-Variationen

Pikantes

Rezepte alphabetisch